Magische Astrologie

Verleger
Balthazar Pagani

Herausgegeben von
Vittoria Mieli

Konzeption und Text
PEPE *nymi*

Grafische Gestaltung
Eleonora Tallarico / PEPE *nymi*

Vivida

Vivida® ist eine eingetragene Marke von White Star S.r.l.
www.vividabooks.com

Piazzale Luigi Cadorna, 6
20123 Mailand
www.whitestar.it

Übersetzung: Simone Blass
Redaktion: Rainer Schöttle - Brigitta Kook

ISBN 978-88-6312-689-1
1 2 3 4 5 6   28 27 26 25 24

Gedruckt in China

Ambrosia Hawthorn

Magische Astrologie

Das Potenzial des Lebens erschließen

Illustrationen von
Silvia Vanni

Vivida

Inhalt

Einleitung 12

Haus · Name · Bedeutung 14

DIE PLANETEN 22

Feuerzeichen

Erdzeichen

Luftzeichen

Wasserzeichen

Willkommen! Ich freue mich sehr, dass du mein Buch zur Hand genommen hast! Mein Name ist Ambrosia. Ich bin allein praktizierende Hexe und Gründerin des englischen Magazins *Witchology* für moderne Hexen. Ich übe mein Handwerk größtenteils als „kosmische Hexerei" aus: Mein magisches Wissen integriere ich in die wunderbare Welt der Astrologie. Jede Art von Magie kann durch die astrologischen Entsprechungen verstärkt werden! Ein berühmtes Sprichwort unter uns Hexen lautet **„Wie oben, so unten"**: Die Konstellation der Himmelskörper beeinflusst nicht nur Ereignisse auf der Erde, wie Gezeiten und Jahreszeiten, sondern auch die verschiedenen Aspekte unserer Persönlichkeit auf der Grundlage der Planeten, die unsere Astralebene bilden. Ich möchte mein Wissen mit dir teilen, denn wie du sehen wirst, ist die Astrologie ein wirkungsvolles Werkzeug, um das Beste aus der Energie zu machen, die im gesamten Universum widerhallt, in allem, was uns umgibt: Menschen, Tiere, Pflanzen und Gegenstände.

Jedes Tierkreiszeichen wird von einem oder mehreren Planeten beherrscht; ihr Einfluss bestimmt die Eigenschaften, die dich so einzigartig machen. Dieses Buch nimmt uns mit auf eine Entdeckungsreise zu den astrologischen Grundprinzipien, die auf den zwölf Tierkreiszeichen basieren.

Ich erkläre dir, wie du eine Verbindung zu der Energie aufbauen kannst, die jedem Himmelskörper zugeordnet ist. Ich bringe dir bei, wie du einfache Zaubertränke herstellst, die auf die Besonderheiten jedes Zeichens, die Mondphasen und die Jahreszeiten abgestimmt sind. Ich zeige dir, wie du kleine Amulette zum Schutz der Menschen, die dir am Herzen liegen, fertigen kannst und die dein Glück in der Liebe, in der Familie und im Beruf fördern. Zudem erhältst du eine einfache Anleitung zur Interpretation der Großen Arkana des Tarots, die dir Klarheit in Herzensangelegenheiten bringt. Für jedes Zeichen findest du darin die Beziehung zwischen deiner Astralebene und den Planeten, deine Kompatibilität mit den anderen Zeichen und einen kurzen Leitfaden, der dich über die astrologische Bedeutung der Elemente, der Planeten und der Astralhäuser informiert.

Lass uns gemeinsam deinen ganz persönlichen Platz in den Sternen entdecken. Und denk daran: Jede Reise kann magisch sein. Es hängt alles von dir ab.

Ambrosia Hawthorn

(Übrigens, mein Sternzeichen ist
Stier mit Waage-Mond
und Aszendent Schütze.)

Einleitung

✦ Dein Geburtshoroskop ✦

Dein Geburtshoroskop ist eine Karte, die zeigt, wo sich alle Planeten genau zum Zeitpunkt deiner Geburt auf ihrer Umlaufbahn befanden und die Beziehungen zwischen ihnen. Es erlaubt wertvolle Einblicke in deine Persönlichkeit: wie du liebst, welche Wünsche und Ziele du hast.

Grafisch ist es ein Rad, das in zwölf Abschnitte oder Häuser unterteilt ist, die jeweils mit einem Tierkreiszeichen übereinstimmen. Jeder Abschnitt markiert die Planeten, die zum Zeitpunkt deiner Geburt am Himmel vorbeizogen. Beispielsweise könnte ein Löwe den Mars in der Waage haben.

Dein Geburtshoroskop wird anhand des Ortes, Datums und der Uhrzeit deiner Geburt berechnet. Je genauer die Details sind, desto genauer wird dein Diagramm. Um dieses Buch optimal nutzen zu können, solltest du dein Geburtshoroskop zur Hand haben. Am einfachsten kannst du es auf einer der vielen spezialisierten Internetseiten berechnen; gib einfach „Geburtshoroskop berechnen“ in deine Suchmaschine ein.

Bevor wir mit der Erkundung der verschiedenen Aspekte deines Geburtshoroskops beginnen, möchte ich kurz die Bedeutung und Eigenschaften der verschiedenen Häuser und Planeten erläutern.

✦ Die Häuser ✦

Die Häuser sind die zwölf Bereiche deines Geburtshoroskops, die wichtige Bereiche deines Lebens darstellen, wie beispielsweise Identität, Liebe, Geld, Karriere, Ziele, Gesundheit und Familie.

Häuser, die sich auf romantische Kompatibilität beziehen: **5., 7., 8.**
Häuser, die sich auf familiäre Kompatibilität beziehen: **4., 5., 7., 10.**
Häuser, die sich auf berufliche Kompatibilität beziehen: **2., 3., 7., 9., 10.**

Haus · Name · Bedeutung

HAUS	NAME	BEDEUTUNG
1.	**Haus des Selbst**	Physisches Selbst, Selbstbild, Identität, Persönlichkeit, Lebenseinstellung, Ego
2.	**Haus der Besitztümer**	Materieller Besitz, Geld, Sicherheit, Selbstwertgefühl, Selbstbewusstsein
3.	**Haus der Kommunikation**	Gedanken, verbale und schriftliche Kommunikation, Lernstil, Fähigkeiten, Talente, Technologie, Wissen, Transport, Reisen, Beziehungen zu Nachbarn und Geschwistern
4.	**Haus der Familie**	Innenleben, Abstammung, Erbe, häusliches Umfeld, Umwelt, Beziehungen zu Elternfiguren, Erziehung, Nachbarschaft, Trost, Sicherheit, Haustiere
5.	**Haus der Kreativität**	Selbstdarstellung, Freude, Freizeitaktivitäten, Unterhaltung, Spielen, Romantik, Kreativität, Kinder
6.	**Haus der Arbeit**	Tagesabläufe, Fähigkeiten, Ernährung, Pflichten, Arbeit, Kraft, Mentoring, Wohlbefinden, Mut, Gesundheit

Haus	Name	Bedeutung
7.	**Haus der Partnerschaften**	Partnerschaften, Ehe, Kooperation, Diplomatie, Vereinbarungen, Verträge, Zusammenarbeit, Beziehungen aller Art
8.	**Haus der Transformation**	Intimität, Psyche, Spiritualität, Zyklen, Veränderung, Tod, sexuelle Beziehungen, Verpflichtungen, Selbsttransformation, gemeinsame Ressourcen, Karma, Schulden, gemeinsame Finanzen
9.	**Haus der Reisen**	Höheres Selbst, Weisheit, höhere Bildung, Erleuchtung, Reisen, Philosophie, Außenpolitik, Kultur, Expansion, Ethik, Glaubenssysteme, Forschung
10.	**Haus der Ambitionen**	Motivation, öffentliches Selbst, Ruf, Mission, Karriere, Sichtbarkeit, Macht, Ehrgeiz, berufliche Erfolge, Gesellschaft, Regierung, Autorität, Status, elterliche Beziehungen
11.	**Haus der Freundschaft**	Gemeinschaft, Freunde, Kreativgruppen, Ausdruck, Soziales, Gleichgesinnte, neue Ideen, Einsatz, Zugehörigkeit, Nächstenliebe, Vernetzung, Wünsche
12.	**Haus der Geheimnisse**	Privatsphäre, Zuflucht, emotionale Reaktionen, Träume, Meditation, Abgeschiedenheit, Intuition, Sucht, Glück, Heilung, Reinigung, Vollendung, Abschluss, Vergebung, Frieden

✦ Erstes Haus ✦

Das erste Haus ist das Haus des Selbst und definiert dich, dein Selbstgefühl und dein Selbstbild. Es ist die Heimat des Aszendenten oder Aufsteigers. Auch weitere Planeten in diesem Haus sind wichtig für deine Identität und verdienen deine Beachtung. Je mehr Planeten in einem Haus zusammentreffen, desto mehr Aufmerksamkeit solltest du diesem Bereich schenken. Verschiedene Häuser oder Bereiche erfordern während des Lebens ein unterschiedliches Maß an Aufmerksamkeit. Um mehr über deine Identität zu erfahren, sieh nach, wo sich die Sonne in deinem Horoskop befindet.

✦ Zweites Haus ✦

Das zweite Haus ist das Haus der Besitztümer. Es unterstreicht deine Beziehung zur materiellen Welt, zu Geld und Sicherheit. Hier findest du wichtige Einblicke in dein Selbstwertgefühl und deine Fähigkeit, Geld zu verdienen und auszugeben. Die Planeten in diesem Haus zeigen dir, welches Maß an Sicherheit du anstrebst und was dir in deinem Beruf wichtig ist. Um mehr darüber zu erfahren, worauf du im Leben Wert legst, schau dir an, wo sich Venus in deinem Horoskop befindet.

✦ Drittes Haus ✦

Das dritte Haus, das Haus der Kommunikation, zeigt, wie du kommunizierst, denkst und lernst. Es ist wichtig, um mehr über deinen Kommunikationsstil und die Art und Weise zu erfahren, wie du mit deinen Partnern, deiner Familie und deinen Kollegen in Kontakt trittst. Ein leeres drittes Haus bedeutet, dass du problemlos kommunizierst, ein oder mehrere Planeten offenbaren, welche Bedeutung Kommunikation für dich hat. Überprüfe, in welchem Zeichen Merkur in deinem Geburtshoroskop steht, um mehr über deine Kommunikationsfähigkeit zu erfahren.

✦ Viertes Haus ✦

Das vierte Haus ist das Haus der Familie; es zeigt, wie du zu deiner Geburtsfamilie, deiner Heimatstadt und deinen Wurzeln stehst, aber auch dein Bedürfnis nach Sicherheit und die Grundlagen, auf denen du wichtige Dinge aufbaust. Im weiteren Sinn gibt es auch Aufschluss über deine Beziehung zu materiellen Gütern und Eigentum. Ein wichtiges Haus, das deine inneren, authentischen Seiten repräsentiert und nicht dein äußeres Bild, das durch das zehnte Haus repräsentiert wird. Um genauere Informationen zu deinen tiefen Empfindungen zu erhalten, schau dir die Position des Mondes in deinem Geburtshoroskop an.

✦ Fünftes Haus ✦

Das fünfte Haus ist das Haus der Kreativität. Es steht für deine geistigen und praktischen kreativen Fähigkeiten und zeigt die Art und Weise, wie du dich selbst darstellst: wie du deine Freizeit verbringst, wie viel Raum du für Spaß und Spiel lässt, welche künstlerischen Begabungen du hast. Es beschreibt auch deine Vorstellung von Elternschaft; die Zeugung ist hier als kreativer Akt gedacht. Weitere Informationen hierzu findest du unter deinem Sternzeichen.

✦ Sechstes Haus ✦

Das sechste Haus ist das Haus der Arbeit, das Reich der Pflichten und alltäglichen Verantwortungen. Es zeigt an, wie du dich um deine konkreten Bedürfnisse und um andere kümmerst. Es erklärt auch deine Beziehung zu deinem Körper und deiner Gesundheit – wenn es in diesem Haus keine Planeten gibt, kannst du wahrscheinlich davon ausgehen, dass dein Körper und dein Immunsystem gut funktionieren. Weitere Informationen zu diesem Thema findest du in der Merkur-Position in deinem Geburtshoroskop.

✦ Siebtes Haus ✦

Das siebte Haus ist das Haus der Partnerschaften und dessen, was „anders als du selbst“ ist. Es zeigt die Art und Weise an, wie du Liebesbeziehungen eingehst und mit welcher Gefühlsintensität du Intimität mit anderen teilst. Die in deinem Geburtshoroskop vorhandenen Planeten in diesem Haus sagen etwas über die Art deiner persönlichen Beziehungen aus. Da es sich gegenüber dem ersten Haus befindet, das deinen Aszendenten bezeichnet, stellt das siebte Haus deinen Deszendenten dar. Weitere Informationen zu diesen Aspekten findest du in der Position der Venus in deinem Geburtshoroskop.

✦ Achtes Haus ✦

Das achte Haus ist das Haus der Transformation. Es zeigt an, welche Ressourcen du nutzt, um Krisen und traumatische Momente zu überstehen, um dich weiterzuentwickeln und dich an neue Situationen anzupassen. Es repräsentiert unbewusste Impulse sowie die intuitive Fähigkeit, das Verhalten anderer zu verstehen; es kann auch deine Charakterstärken offenbaren. Mehrere Planeten in diesem Haus deuten auf ein Leben voller Veränderungen hin.

✦ Neuntes Haus ✦

Das neunte Haus ist das Haus der Reisen. Es stellt die Impulse, Bestrebungen und Hoffnungen dar, die du für die Zukunft hast, sowie dein persönliches Wachstum und deine Offenheit gegenüber dem Neuen und Unbekannten – einem Land, das du besuchen, einer Sprache, die du lernen möchtest – und zeigt die Intensität deiner Abenteuerlust; es sagt etwas über deine Beziehung zum Reisen aus, ob real oder spirituell, auf der Suche nach Bewusstseinserweiterung und tiefem Lebensgefühl. Näheres findest du in der Jupiter-Position in deinem Geburtshoroskop.

✦ Zehntes Haus ✦

Das zehnte Haus ist das Haus der Ambitionen. Dabei geht es um dein öffentliches Ansehen und deinen Platz in der Gesellschaft, insbesondere um deine Fähigkeit, durch das von dir nach außen projizierte Selbstbild Ansehen und Autorität zu erlangen. Es gibt Aufschluss über deinen Wunsch, durch deinen sozialen Status zu Erfolg und Anerkennung zu kommen. Es steht auch für die Qualitäten und Aspekte deiner Persönlichkeit, die für andere am offensichtlichsten sind, und für deine Beziehung zu Autorität. Sieh dir die Position des Saturns an, um hierzu Genaueres zu erfahren.

✦ Elftes Haus ✦

Das elfte Haus ist das Haus der Freundschaft. Es gibt Aufschluss über deine Beziehung zu Freunden und im weiteren Sinn darüber, wie du den Begriff „Zugehörigkeit" verstehst: über den Raum, den du für Gefühle der Bruder- und Schwesternschaft lässt, und darüber, welche Ideale und Hoffnungen du mit anderen teilst. Wenn es in deinem Horoskop viele Planeten in diesem Haus gibt, hast du wahrscheinlich ein aktives Sozialleben, das von vielen Beziehungen, einem starken Interesse an humanitären Themen und vorurteilsfreier Großzügigkeit geprägt ist. Prüfe die Stellung des Uranus in deinem Horoskop, um Näheres zu erfahren.

✦ Zwölftes Haus ✦

Das zwölfte Haus ist das Haus der Geheimnisse. Es ist das letzte Haus und stellt die Entflechtung des Egos dar. Es geht um Transzendenz, Introspektion und die spirituelle Entwicklung, die du anstrebst, um dich von emotionalen Narben zu befreien, sowie darum, wie du mit den schmerzhaften Wahrheiten umgehst, die du vor dir selbst verbirgst, wie du mit deinen Schwächen lebst und wie du mit Versuchungen umgehst. Es wird auch mit Selbsttäuschung und Illusion in Verbindung gebracht und zeigt deine Beziehung zu Realität und Vorstellung an.

Die Planeten

PLANET	BEDEUTUNG
Sonne	Persönlichkeit, Selbst, Ego, Zielstrebigkeit, Vitalität
Mond	Emotionen, Intuition, Gefühle, Instinkte
Merkur	Kommunikation, Denken, Lernstil
Venus	Schönheit, Werte, Liebe
Mars	Leidenschaft, Tatendrang, Kraft, Antrieb, Motivation
Jupiter	Glück, Expansion, Glaube, Wahrheit, Freiheit, Freude, Ethik
Saturn	Status, Autorität, Elternfiguren, Regeln, Grenzen, Disziplin, Weisheit, Ehrgeiz, Geduld, Ehre, Sorgen
Uranus	Originalität, Individualität, Wahrheit, Unabhängigkeit, Gegensatz, plötzliche Veränderungen, Revolution
Neptun	Träume, Illusionen, psychische Empfänglichkeit, Unsicherheit, Kreativität, Geheimnis, Heilung, Grenzenlosigkeit
Pluto	Unterbewusstsein, persönliche Transformation, Intensität, Geheimnis, das, was unter der Oberfläche ist, Sexualität

✦ Die Sonne ✦

Die Sonne bestimmt dein Sternzeichen, das, was dich ausmacht. Sie ist das Zentrum des Sonnensystems und von uns selbst. Ein Großteil deiner Persönlichkeit wird durch dein Sternzeichen definiert, aber das bedeutet nicht, dass alle Menschen mit demselben Sternzeichen gleich sind. Es repräsentiert dein Innerstes, aber auch, wie du dich der Welt zeigst.

✦ Der Mond ✦

Der Mond repräsentiert deine Gefühlswelt und deine Grundbedürfnisse. Er steht für Reflexion, Intuition und Instinkt. Er zeigt, wie du auf dein Umfeld reagierst. Der Mond ermöglicht dir ein besseres Selbstverständnis und fördert deine Introspektion, um deine wahren Gefühle zu erkennen. Er hilft dir auch, dich selbst zu akzeptieren und dir deiner selbst bewusster zu werden.

✦ Der Aszendent ✦

Dein Aszendent ist das Sternzeichen, das zum Zeitpunkt deiner Geburt über dem östlichen Horizont aufging, und es zeigt, wie du dich selbst gern darstellst. Der Aszendent steht immer am Anfang deines Horoskops und ist die „Spitze“ des ersten Hauses. Dies ist oft die Maske, die du der Welt zeigen möchtest. Du bist immer noch du selbst, aber so präsentierst du dich gern anderen.

✦ Der Deszendent ✦

Dein Deszendent befindet sich direkt gegenüber deinem Aszendenten in deinem Geburtshoroskop. Er stellt die Eigenschaften dar, die du nicht besitzt und zu denen du dich hingezogen fühlst. Er ist ein guter Indikator für die Zeichen, mit denen du wahrscheinlich kompatibel bist.

✦ Merkur ✦

Der Merkur repräsentiert deine Art zu denken, zu lernen und zu kommunizieren. Er ist der Ausdruck deiner Mentalität und bietet Einblicke in deine Realitätswahrnehmung, deine Denkgeschwindigkeit und darüber, wie du Informationen verarbeitest und mit anderen austauschst.

✦ Venus ✦

Die Venus enthüllt deinen Umgang mit deinem Umfeld, deine Werte und deine Art zu lieben. Sie steht in Verbindung mit den Entscheidungen, die du triffst, wie du dich am liebsten vergnügst, deinem Bedürfnis nach Harmonie und liebevollem Kontakt mit anderen, wie du deine Lebenslust ausdrückst und was dir wichtig ist.

Mars

Der Mars repräsentiert deine Motivation, deinen Antrieb und deine Wünsche. Er beeinflusst die Art und Weise, wie du dich in der Welt behauptest, deine Fähigkeit, für das zu kämpfen, woran du glaubst, und wie du auf Ereignisse reagierst. Er weist auch darauf hin, wie aggressiv und leidenschaftlich du bist.

Jupiter, Saturn, Uranus, Neptun, Pluto

Diese sogenannten „generationellen“, langsamen oder halblangsamen Planeten sind weit von der Sonne entfernt und ihre Umlaufbahnen sind extrem lang. Das bedeutet, dass sie sehr lange im selben Zeichen bleiben und kollektiv auf eine ganze Generation Einfluss nehmen statt auf individuelle Persönlichkeitsmerkmale. Jupiter benötigt für eine Umrundung der Sonne fast zwölf Jahre; Saturn benötigt neunundzwanzigeinhalb Jahre, Uranus vierundachtzig, Neptun hundertvierundsechzig und Pluto zweihundertachtundvierzig Jahre. Da diese Planeten keinen besonderen Einfluss auf das Geburtshoroskop haben, findest du auf den folgenden Seiten keine speziellen Informationen dazu.

Feuer-zeichen

△

Das **Element Feuer** wird durch ein nach oben zeigendes Dreieck dargestellt. Die Tierkreiszeichen dieses Elements sind **Widder** (Kardinalzeichen, vom Mars dominiert, entspricht dem ersten Haus), **Löwe** (festes Zeichen, von der Sonne dominiert, entspricht dem fünften Haus) und **Schütze** (veränderliches Zeichen, von Jupiter dominiert, entspricht dem neunten Haus). Feuerzeichen stehen für Verlangen und kreative Energie. Sie sind warmherzig, mutig und kontaktfreudig, können aber auch übermäßig impulsiv, ungeduldig und so zerstörerisch wie ein Flächenbrand sein. Im Tierkreis stehen sie den Luftzeichen gegenüber und ergänzen sie.

Widder

Widder ist das erste der zwölf Sternzeichen und wird durch einen Widderkopf symbolisiert: stark und selbstbewusst. Als kardinales Feuerzeichen ist der Widder dafür bekannt, neue Ideen voranzutreiben und andere mit seiner Leidenschaft und seinem Tatendrang zu inspirieren. Der Widder regiert das erste Haus – das Haus des Selbst. Im Tarot entspricht er der Herrscherkarte.

✦ Sonne ✦

PERSÖNLICHKEIT UND TEMPERAMENT

Du bist charismatisch und freiheitsliebend und neigst dazu, anderen den Weg zu weisen. Herausforderungen gehst du wahrscheinlich gern direkt an, denn du hast großes Durchsetzungsvermögen.

✦ Mond ✦

GEFÜHLE UND EMOTIONALE INTELLIGENZ

Du bist souverän und handelst schnell. Deine Gefühle sind intensiv und leidenschaftlich. Du kannst gut allein sein, insbesondere wenn du ein Problem zu lösen hast.

✦ Aszendent ✦

GESELLSCHAFTSLEBEN

Du bist mutig und unabhängig, scheust keine Neuanfänge und magst Ungewöhnliches. Du packst das Leben bei den Hörnern und verfolgst deine Ziele konsequent und ohne zu zögern.

✦ Deszendent ✦

UNTERBEWUSSTSEIN UND TIEFE VERBINDUNGEN

Du bist leidenschaftlich und gehst schnell Verbindungen ein. Manche mögen dich als impulsiv und ungestüm empfinden, weil du immer in Bewegung bist und Herausforderungen liebst.

✦ Merkur ✦

INTELLIGENZ UND KOMMUNIKATIVE FÄHIGKEITEN

Du bist geistig agil, triffst selbstständig klare Entscheidungen und kannst dich gut ausdrücken. Du verlässt dich nicht auf die Meinung anderer, sondern ziehst eigene Schlussfolgerungen.

✦ Venus ✦

LIEBE UND VERLANGEN

Du bist authentisch und ehrlich und neigst dazu, sehr schnell Beziehungen einzugehen. Dein Motor ist die Leidenschaft, dennoch genießt du deine Unabhängigkeit.

✦ Mars ✦

TATKRAFT UND LEIDENSCHAFT

Selbstsicher ergreifst du die Initiative und gehst mit ungebrochenem Tatendrang voran. Du übernimmst gern die Führung und folgst ungern dem Pfad eines anderen.

Die Magie des Widders

Die magische Kraft des Widders ist während der Widder-Saison im Sommer am stärksten, wenn die Sonne hoch am Himmel steht, und am Dienstag, seinem Tag der Kraft. Stärke deine Intuition mit der Feuermagie in Zaubersprüchen und Ritualen bei Neumond.

Liebe

HARMONISCHE PARTNERSCHAFTEN

Andere Feuerzeichen verstehen deine leidenschaftliche Natur und passen am besten zu dir. Obwohl diese Verbindungen nicht frei von Herausforderungen sind, verlaufen sie im Allgemeinen harmonisch. Mit einem Aszendenten im Widder findest du Eigenschaften eines Fisches interessant.

✦

GUTE PARTNERSCHAFTEN

Luftzeichen können aufgrund ihrer Offenheit in der Kommunikation und ihres sozialen Charakters gute Partner sein. Diese Beziehungen bringen jedoch Herausforderungen mit sich, die es zu meistern gilt.

✦

SCHWIERIGE PARTNERSCHAFTEN

Beziehungen mit den emotionalen, intensiven Wasserzeichen und den mitunter sturen, gelassenen Erdzeichen sind eher problematisch. Aber Gegensätze ziehen sich ja bekanntlich an – eine Chance für diese Partnerschaften.

Magische Tipps

Die Große Arkana des Tarots kann dir durch die Bilder, Farben und Symbolik der Karten wertvolle Ratschläge in Liebesangelegenheiten geben. Ziehe bei Vollmond im Widder drei Karten vom Stapel. Jede wird dir eine bestimmte Frage beantworten:
Erste Karte: Was ist deine Rolle in der Beziehung?
Zweite Karte: Was ist die Rolle der anderen Person in der Beziehung?
Dritte Karte: Wie würdest du die Beziehung und ihre Dynamik beschreiben?
Sieh dir die Karten an. Versuche die Gefühle einzuordnen, die sie in dir auslösen, und überlege, ob sie dir helfen, dein Dilemma zu lösen.

Beruf

Das Beste

Widder ist ein kardinales Feuerzeichen, deshalb sind Widder-Menschen unabhängig und die geborenen Anführer. Straffe Zeitpläne bei der Arbeit an einem Projekt schrecken dich nicht. Du bist immer auf der Suche nach neuen spannenden Herausforderungen, während du die Arbeitsabläufe unter Kontrolle hältst. Mit den energetischen, kreativen Luftzeichen Wassermann und Zwillinge findest du gemeinsam Lösungen, und mit dem Feuerzeichen Schütze teilst du den Antrieb, die Suche nach Neuland und den Wunsch, neue Möglichkeiten zu erkunden.

✦

Hat Potenzial

Du kannst gut mit den anderen Feuerzeichen – Widder und Löwe – zusammenarbeiten, gelegentliche Machtkämpfe können jedoch eine Herausforderung darstellen. Du bist entschlossen und ideenreich, deshalb kannst du möglicherweise auch gut mit den Wasserzeichen Krebs und Fische zusammenarbeiten. Du kannst allen Zeichen helfen, ihre Ideen umzusetzen.

✦

Lieber meiden

Erdzeichen – Stier, Jungfrau und Steinbock – haben einen starken Willen und eine Vorliebe für langfristige Planungen, Herausforderungen, die schwer zu meistern sind. Auch mit Waage und Skorpion kann es schwierig werden: Die Waage scheint Projektarbeit und Fristen lockerer anzugehen als du und der leidenschaftliche Skorpion macht sich oft übereifrig an die Arbeit.

Magische Tipps

Tarotkarten sind gut dafür geeignet, dir deine Wünsche bewusst zu machen, und können interessante Anregungen zu deinen Fragen geben. Versuche dich auf das Ziel deiner Wünsche zu konzentrieren.

1. Ziehe die Karte, die dein Sternzeichen repräsentiert; Widder entspricht der Herrscherkarte.
2. Ziehe die Karte, die der Marsposition in deinem Geburtshoroskop entspricht.
3. Ziehe eine beliebige Karte.

Betrachte die gezogenen Karten. Welche Gedanken rufen sie in dir hervor?

Familie

Widder-Eltern

Widder sind, unabhängig vom Geschlecht, sehr aktive Eltern. Sie können hervorragend Ordnung und Struktur schaffen und durch ihren Tatendrang fördern sie Sport und Aktivitäten. Allerdings neigt der temperamentvolle Widder dazu, sich in der Hitze des Gefechts in Streitereien hineinzusteigern.

Widder-Geschwister

Als Widder-Schwester oder -Bruder verstehst du dich gut mit allen Feuerzeichen – Widder, Löwe und Schütze, denn sie lieben Spaß wie du – und mit den Luftzeichen Zwillinge und Waage wegen ihrer Fähigkeit, sich auszudrücken. Mit dem bindungsstarken und Pläne schmiedenden Steinbock verstehst du dich überraschenderweise gut.

Magische Tipps

Verschenke wunderschöne Amulette mit den Edelsteinen, die deinem Sternzeichen zugeordnet sind, an geliebte Menschen: Rote Koralle spendet Energie und beugt Gefühlsschwankungen vor, Rubin symbolisiert spirituelle Liebe, Leidenschaft und Wohlstand. Roter Jaspis macht Mut und fördert die körperliche und geistige Widerstandskraft, Granat sorgt für die nötige Kraft, um sich neuen Herausforderungen zu stellen, und Karneol spendet Energie und hält Eifersucht und Neid in Schach.

Löwe

Das fünfte Tierkreiszeichen Löwe besitzt die Eigenschaften des Tieres, dessen Namen es trägt: Individualismus, Mut, Stolz. Das letzte der festen Zeichen steht für die Fähigkeit, sich auf sich selbst zu konzentrieren, um jedes Ziel zu erreichen. Der Hochsommer ist die heißeste Zeit des Jahres; aus diesem Grund ist das Feuerelement im Löwen deutlicher ausgeprägt als in anderen Feuerzeichen. Im Tarot entspricht es der Sonne, dem herrschenden Stern dieses Zeichens.

✦ Sonne ✦

PERSÖNLICHKEIT UND TEMPERAMENT

Du bist enthusiastisch und großzügig, immer auf der Suche nach Spaß und voller Energie, wenn du im Mittelpunkt der Aufmerksamkeit stehst. Lass dich nicht in den Schatten stellen! Sonst überwältigt dich dein Geltungsdrang.

✦ Mond ✦

GEFÜHLE UND EMOTIONALE INTELLIGENZ

Du zeigst deine Gefühle mit Leidenschaft und strahlst echte Wärme aus. Versuche deine Impulse zu kontrollieren – wenn dich jemand enttäuscht, könntest du auf ihn losgehen.

✦ Aszendent ✦

GESELLSCHAFTSLEBEN

Du liebst es, deine Talente herauszustellen. Vielleicht fürchtest du, den Erwartungen anderer nicht gerecht zu werden, aber keine Angst – deine positive Einstellung ist ansteckend.

✦ Deszendent ✦

UNTERBEWUSSTSEIN UND TIEFE VERBINDUNGEN

Der Aszendent im Wassermann zeichnet sich durch ein starkes Gefühl der Verbundenheit mit der Gemeinschaft aus. Dein Selbstwertgefühl wird durch Begegnungen mit deinen Mitmenschen gestärkt.

✦ Merkur ✦

INTELLIGENZ UND KOMMUNIKATIVE FÄHIGKEITEN

Mit praktischer und prägnanter Intelligenz liebst du es, deine Ideen zu teilen und den Klang deiner eigenen Stimme zu hören! Du bist ein kreativer und unterhaltsamer Geschichtenerzähler.

✦ Venus ✦

LIEBE UND VERLANGEN

Du bist ein überwältigender Liebhaber! Ein Kompliment reicht aus, um deine Aufmerksamkeit zu erregen. Wenn du in einer Beziehung lebst, an die du glaubst, gelingt es dir, deine Autorität im Zaum zu halten und Loyalität zu beweisen.

✦ Mars ✦

TATKRAFT UND LEIDENSCHAFT

Du bist sehr standhaft, deine Unbeirrbarkeit und Überschwänglichkeit machen es dir leicht, dich durchzusetzen. Versuche, deinen Stolz im Zaum zu halten – dein Bedürfnis nach Anerkennung könnte schnell zu Konfrontationen führen.

Die Magie des Löwen

Die magische Kraft des Löwen ist während der Löwe-Saison im Sommer am stärksten, wenn die Sonne am höchsten am Himmel steht, und am Sonntag, seinem Tag der Kraft. Nutze die Kraft des feurigen Löwen für Zaubersprüche, die sich auf Kreativität, Mut, Stärke und Kraft beziehen.

Liebe

HARMONISCHE PARTNERSCHAFTEN

Feuerzeichen sind die idealen Partner für dich, sie schätzen deine Leidenschaft und Impulsivität. Auch mit Luftzeichen kannst du eine großartige Verbindung eingehen: Sie sind kontaktfreudig und haben gern Spaß.

✦

GUTE PARTNERSCHAFTEN

Trotz geringer Affinität kannst du wegen des gemeinsamen Wunsches, eine stabile Beziehung aufzubauen, eine dauerhafte Bindung mit einem Stier eingehen. Die Kompatibilität mit den Wasserzeichen Krebs und Skorpion ist gut, da dein Bedürfnis nach Bestätigung ihr Streben nach emotionaler Stabilität kompensiert.

✦

SCHWIERIGE PARTNERSCHAFTEN

Die Süße der Fische mag dich zunächst verführen, aber ihre Sensibilität wird dich bald langweilen. Dein Wunsch nach emotional aufgeladenen, theatralischen Gesten wird vom zurückhaltenden Steinbock und der bodenständigen Jungfrau meist nicht befriedigt. Lieber meiden!

Magische Tipps

Um deinen Seelenverwandten zu finden, zünde am Sonntag, dem Tag der Kraft des Löwen, eine rote Kerze an. Konzentriere dich auf deinen Wunsch und sende ihn in die Welt. Wende Feuermagie an, um herausfordernde Liebessituationen oder Kummer zu meistern. Schreib deine Gefühle auf kleine Papierstücke und entzünde eines nach dem anderen an der Flamme, bevor du sie in ein feuerfestes Gefäß fallen lässt. Feuer eignet sich bestens dazu, alles zu vertreiben, was einem nicht mehr dient.

Beruf

Das Beste

Ehrgeizig, zielstrebig und brillant, wie es deine Art ist, arbeitest du gern an einem Projekt, an das du glauben und in dem du deine Individualität, deinen Mut und deine Kreativität zum Ausdruck bringen kannst. Dein Charisma macht dich zu einer herausragenden Führungspersönlichkeit. Der loyale Krebs, die brillante Waage, der ungestüme Löwe und der optimistische Schütze schätzen deine Talente besonders.

✦

Hat Potenzial

Die Arbeit mit einem Zwilling ist mitunter schwierig, aber deine Entschlossenheit kann seinen Mangel an Organisation in Schach halten. Der Widder kann zum Konkurrenten werden; vereint ihr aber eure Kräfte, erzielt ihr hervorragende Ergebnisse. Mit dem praktisch denkenden Steinbock und dem kreativen Fisch kannst du jedes Ziel erreichen, wenn ihr eure Ressourcen bündelt.

✦

Lieber meiden

Deine Arbeitsbeziehung mit dem Wassermann ist ausgesprochen kompliziert – du könntest seine unkonventionelle Haltung mit Respektlosigkeit verwechseln. Aufgrund der Konkurrenzkomponente eurer Sternzeichen kommt es mit Stier und Skorpion zu Differenzen. Der Perfektionismus der Jungfrau passt nicht zu dir, denn du möchtest dich nicht in Details und Planung verlieren.

Magische Tipps

Tarotkarten sind gut dafür geeignet, dir deine Wünsche bewusst zu machen, und können interessante Anregungen zu deinen Fragen geben. Versuche dich auf das Ziel deiner Wünsche zu konzentrieren.

1. Ziehe die Karte, die dein Sternzeichen repräsentiert; Löwe entspricht der Sonnenkarte.
2. Ziehe die Karte, die der Marsposition in deinem Geburtshoroskop entspricht.
3. Ziehe eine beliebige Karte.

Betrachte die gezogenen Karten. Welche Gedanken rufen sie in dir hervor?

Familie

Löwe-Eltern

Löwe-Eltern sind liebevoll, beschützend und loyal. Mit ihrem Mut und ihrer Energie sind sie der Dreh- und Angelpunkt der Familie und stets bestrebt, das Selbstwertgefühl ihrer Kinder zu stärken. Sie machen gern Geschenke und finden immer Gelegenheit für gemeinsame Momente. Allerdings erwarten sie Dankbarkeit – wenn sie sich ignoriert fühlen, können sie aufbrausend werden.

Löwe-Geschwister

Löwe-Brüder und -Schwestern sind lebenslustig und teilen gern, deshalb verstehen sie sich sehr gut mit den anderen Feuerzeichen. Mit den fantasievollen Fischen und Krebsen erfinden sie für ihre Geschichten fantastische Welten, in denen der Löwe zweifellos im Mittelpunkt steht.

Magische Tipps

Verschenke wunderschöne Amulette mit den Edelsteinen, die deinem Sternzeichen zugeordnet sind, an geliebte Menschen: Der Diamant symbolisiert Vitalität, hat regenerierende Kräfte und hilft, Angst zu überwinden. Bernstein weckt Kreativität und ist der Stein der Spontaneität, des Optimismus und der Offenheit gegenüber anderen. Tigerauge hilft, neues Gleichgewicht zu finden.

Schütze

Schütze ist ein veränderliches Feuerzeichen, das Spätherbstnächte erleuchtet. Vom Jupiter, dem Planeten des Überflusses und der Fröhlichkeit, regiert, ist sein Wochentag der Donnerstag. Wie ein Blitzgewitter sind die Pfeile, die der Zentaur abschießt, der den Schützen repräsentiert: Schnelles Handeln und Vielseitigkeit sind seine Stärken. Im Tarot ist ihm das Schicksalsrad zugeordnet, verbunden mit der Wintersonnenwende – die letzte Nacht des Schützen und die dunkelste des Jahres.

✦ Sonne ✦

PERSÖNLICHKEIT UND TEMPERAMENT

Der Jupiter in deinem Zeichen sorgt für Geselligkeit und Neugier. Trotz deiner starken Prinzipien führt dein wechselhafter Charakter oft dazu, dass deine Entscheidungen unpräzise sind. Wenn du jedoch deine Wünsche im Auge behältst, wird jedes Ziel ein glückliches sein.

✦ Mond ✦

GEFÜHLE UND EMOTIONALE INTELLIGENZ

Du bist kontaktfreudig und es fällt dir schwer, deine Rastlosigkeit zu verbergen. Als idealistischer Romantiker hast du einen unerschütterlichen Gerechtigkeitssinn. Als Träger des Feuerzeichens fährst du schnell aus der Haut, verzeihst aber ebenso schnell.

✦ Aszendent ✦

GESELLSCHAFTSLEBEN

Durch deinen unverbrüchlichen Optimismus, gepaart mit einer gehörigen Portion Unbeschwertheit, meisterst du jede Herausforderung deines Lebens bestmöglich. Du lässt dich nicht von jenen entmutigen, die dich als naiv bezeichnen.

✦ Deszendent ✦

UNTERBEWUSSTSEIN UND TIEFE VERBINDUNGEN

Die Neugier, das schnelle Denken und die brillante Kommunikationsfähigkeit eines Zwillings-Aszendenten verleihen dir Intuition und ein gutes Gefühl für Zusammenhänge.

✦ Merkur ✦

INTELLIGENZ UND KOMMUNIKATIVE FÄHIGKEITEN

Du sprichst deine Gedanken unverblümt aus, was dir den Vorwurf der Empathielosigkeit einbringt. Bemühe dich um eine bessere Wortwahl und höre genauer hin.

✦ Venus ✦

LIEBE UND VERLANGEN

Du bist ein Kandidat für Liebe auf den ersten Blick und kurze, intensive Abenteuer. Du möchtest deine Freiheit nicht aufgeben, liebst die Abwechslung und akzeptierst weder Eifersucht noch Routine.

✦ Mars ✦

TATKRAFT UND LEIDENSCHAFT

Du bist voller Enthusiasmus und lebst für den Moment, triffst aber oft voreilige Entscheidungen. Lerne deine Energie zu kanalisieren und investiere sie in die Planung neuer Abenteuer, die deine Neugier wachhalten.

Die Magie des Schützen

Die magische Kraft des Schützen ist am stärksten, wenn die Sonne während der Schütze-Saison hoch am Himmel steht. Sprich an einem Donnerstag bei Kerzenlicht einen Zauber aus, um deine Abenteuer- und Unternehmungslust zur Gänze zu genießen.

Liebe

HARMONISCHE PARTNERSCHAFTEN

Es ist nicht schwer, dir anzumerken, wenn du verliebt bist. Die leidenschaftlichen Feuerzeichen passen gut zu dir, aber vermeide Konkurrenzdenken. Dein Wunsch nach Freiheit passt gut zu den Eigenschaften der Luftzeichen, aber halte deine Eifersucht in Schach.

✦

GUTE PARTNERSCHAFTEN

Obwohl du das abenteuerlustigste Sternzeichen bist und der Stier das beständigste ist, könnt ihr eine unerwartete Bindung eingehen. Der geheimnisvolle Skorpion kann dich besonders in der Phase des Werbens bezaubern. Die Freundlichkeit der Fische spiegelt deine tiefsten Ideale wider; ihr könnt euch gut gegenseitig unterstützen.

✦

SCHWIERIGE PARTNERSCHAFTEN

Die klammernden Krebse mögen deine Abruptheit nicht und halten damit nicht hinter dem Berg! Jungfrauen sind Kontrollfreaks und du kannst es nicht ertragen, dich ihrem Willen zu beugen. Mit Steinböcken sind Spannungen vorprogrammiert; ihre Zurückhaltung passt nicht zu deinem Überschwang.

Magische Tipps

Der zunehmende Mond im Schützen ist der perfekte Zeitpunkt, um die magische Kraft von Kerzen zu nutzen, um Zugang zu deiner inneren Welt zu erhalten. Der Glanz des Feuers, kombiniert mit der Kraft dieses Zeichens, wird dazu beitragen, dass deine Wünsche im gesamten Universum nachhallen. Ritze den Namen des geliebten Menschen bei Mondlicht in eine weiße Kerze. Konzentriere dich auf dein tiefstes Verlangen, entzünde die Kerze, sag eure beiden Namen vor dich hin und lass die Kerze im Mondlicht brennen.

Beruf

Das Beste

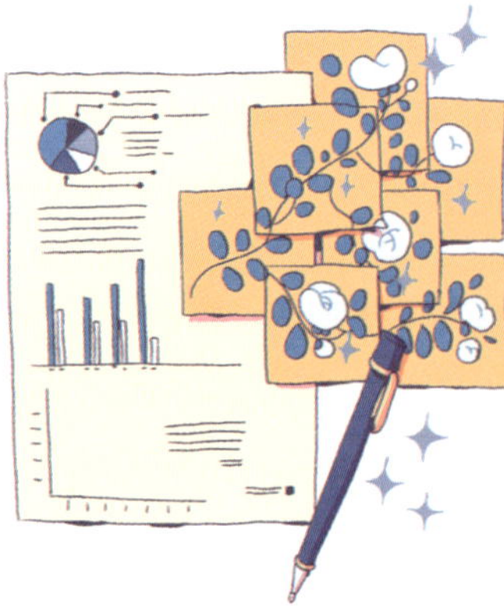

Du bist wegen deiner Ausgelassenheit und Offenheit beliebt; deine Feuerzeichen-Kollegen können sich immer darauf verlassen, dass du selbst den langweiligsten Tag erhellst. Allerdings musst du lernen, dein Augenmerk auch auf Fristen und Details zu legen. Luftzeichen-Kollegen sind zweifellos die Extravagantesten, die dir begegnen – und dir gefällt Exzentrik. Zusammen könnt ihr veraltete und ineffektive Arbeitsweisen reformieren.

✦

Hat Potenzial

Gib deinen Wasserzeichen-Kollegen eine Chance – lass dich nicht von ihrer Zurückhaltung einschüchtern; lebe deine Kreativität aus und überlasse ihnen den organisatorischen Teil der Arbeit. Wenn ihr eure Unterschiede optimal nutzen könnt, werdet ihr interessante Innovationen in den Schaffensprozess einbringen.

✦

Lieber meiden

Die Erdzeichen schätzen deine Talente überhaupt nicht. Der störrische Stier wirft dir mangelnde Konstanz vor – er kann seinen Wettbewerbsgeist nicht verbergen! Details und Zeitpläne sind dir ein Gräuel, und die akribische Jungfrau nagelt dich auf Fristen fest. Für den Steinbock sind Regeln wichtig; er findet deinen Mangel an Diplomatie möglicherweise sehr peinlich.

Magische Tipps

Tarotkarten sind gut dafür geeignet, dir deine Wünsche bewusst zu machen, und können interessante Anregungen zu deinen Fragen geben. Versuche dich auf das Ziel deiner Wünsche zu konzentrieren.

1. Ziehe die Karte, die dein Sternzeichen repräsentiert; Schütze entspricht dem Schicksalsrad.
2. Ziehe die Karte, die der Marsposition in deinem Geburtshoroskop entspricht.
3. Ziehe eine beliebige Karte.

Betrachte die gezogenen Karten. Welche Gedanken rufen sie in dir hervor?

Familie

Schütze-Eltern

Wie alle Feuerzeichen neigen Schütze-Eltern dazu, ihre Familie zu beschützen, aber sie sind nicht überfürsorglich – ihr größter Wunsch ist es, dass sich ihre Kinder ausleben und ihren Horizont durch Reisen und Abenteuer erweitern können. Dank ihrer unkonventionellen Art verstehen sie es, den Wert der Freiheit in all seinen Formen zu vermitteln.

Schütze-Geschwister

Auch wenn Schütze-Geschwister schnell zu harten Urteilen neigen, stehen sie den Menschen, die ihnen am Herzen liegen, stets zur Seite und lieben es, sie zu unterhalten. Unermüdlich suchen sie nach neuen, waghalsigen Spielen, und andere Feuerzeichen sind hierbei ausgezeichnete Begleiter. Wassermann-Geschwister teilen die edlen Ideale des Schützen und lieben wie er lange Reden – am besten in einem Baumhaus!

Magische Tipps

Verschenke wunderschöne Amulette mit den Edelsteinen, die deinem Sternzeichen zugeordnet sind, an geliebte Menschen: Der Türkis fördert das Gleichgewicht zwischen Herz und Geist und hilft bei der Stressbewältigung, der Azurit stärkt Urteilsvermögen und klares Denken und sorgt für flüssige Kommunikation, der Topas verleiht Positivität, der Zirkon erleichtert den Kontakt zu den eigenen Wurzeln und fördert Spiritualität, der Tansanit ist nützlich bei der Wahl zwischen zwei verschiedenen Wegen.

Erdzeichen

Das **Element Erde** wird durch ein nach unten zeigendes Dreieck dargestellt, das von einer horizontalen Linie gekreuzt wird. Die mit diesem Element verbundenen Tierkreiszeichen sind **Stier** (ein festes Zeichen, das von Venus dominiert wird und dem zweiten Haus entspricht), **Jungfrau** (ein veränderliches Zeichen, das von Merkur dominiert wird und dem sechsten Haus entspricht) und **Steinbock** (ein Kardinalzeichen, das von Saturn dominiert wird und dem zehnten Haus entspricht). Erdzeichen stehen für Eigentum und materielle Besitztümer. Sie sind geduldig, beharrlich und ruhig, zuweilen aber auch unflexibel und stur. Im Tierkreis stehen sie den Wasserzeichen gegenüber und ergänzen sie.

Stier

Stier, das erste feste Erdzeichen, ist bodenständig und hartnäckig mit einem ausgeprägten Realitätssinn. Das Sternbild Stier zeigt sich mitten im Frühling am Himmel, wenn die Natur am üppigsten ist; es überrascht nicht, dass das Tier, nach dem dieses Zeichen benannt ist, schon immer ein Fruchtbarkeitssymbol war. Venus ist Geburtsherrscher dieses Zeichens und verleiht den Stiergeborenen einen ausgeprägten Sinn für Ästhetik. Im Tarot ist ihm der Hierophant zugeordnet, der Tradition und Beständigkeit symbolisiert.

✦ Sonne ✦

PERSÖNLICHKEIT UND TEMPERAMENT

Du bist vorsichtig und maßvoll, magst nichts Unerwartetes und planst alles sorgfältig. Trotz deiner Besonnenheit bist du das hartnäckigste Sternzeichen – wenn du dich auf etwas einlässt, dann nur, weil du weißt, dass du es schaffen kannst.

✦ Mond ✦

GEFÜHLE UND EMOTIONALE INTELLIGENZ

Du sprichst leise und lässt dich selten von deinen Gefühlen leiten. Hinter deiner krampfhaften Suche nach Stabilität könnte Trägheit stehen – lerne, dich auf Veränderungen einzustellen.

✦ Aszendent ✦

GESELLSCHAFTSLEBEN

Du hast viel Energie, die dir zu unerschütterlicher Entschlossenheit verhilft. Achte darauf, dass aus deiner Hartnäckigkeit keine Sturheit wird. Lerne es zu erkennen, wenn du falschliegst.

✦ Deszendent ✦

UNTERBEWUSSTSEIN UND TIEFE VERBINDUNGEN

Ein Skorpion-Aszendent zeichnet sich durch ein starkes Gefühl von Empathie und Emotionalität aus und stärkt so deine emotionale Intelligenz; er hilft dir zu verstehen, was mit den Menschen passiert, die du liebst.

✦ Merkur ✦

INTELLIGENZ UND KOMMUNIKATIVE FÄHIGKEITEN

Du verfügst über praktische Intelligenz und kommunizierst deine Ideen freundlich, aber nimmst kein Blatt vor den Mund. Du bist sehr rational und wägst sorgfältig ab, was du sagst; du hast es nicht eilig, deine Meinung zu äußern.

✦ Venus ✦

LIEBE UND VERLANGEN

Du bist loyal, zuverlässig und leidenschaftlich. Bevor du eine Beziehung eingehst, überlegst du sorgfältig. Dein Bedürfnis nach Sicherheit kann sich so auswirken, dass du besitzergreifend und eifersüchtig wirst.

✦ Mars ✦

TATKRAFT UND LEIDENSCHAFT

Der Mars im Stier verliert die für den Planeten typischen ungestümen Eigenschaften: Du begegnest Herausforderungen mit Sachverstand und Gelassenheit.

Die Magie des Stiers

Die Energie des Stiers kommt in Zaubersprüchen, die sich auf Stabilität und Wohlstand beziehen, am stärksten zum Ausdruck. Nutze die Kraft des Vollmonds im Stier, um die Bindung zu nahestehenden Menschen zu stärken, ehre deine Gefühle und verwandle dein Heim in deinen persönlichen Tempel.

Liebe

HARMONISCHE PARTNERSCHAFTEN

Du bist romantisch, suchst eine stabile Beziehung. Die Verbindung mit Erdzeichen ist intensiv und dauerhaft. Der Krebs ist liebevoll und loyal; ihr werdet euch niemals betrügen. Mit der Waage, ebenfalls von Venus beherrscht, teilst du die Liebe zur Schönheit und das Streben nach Harmonie.

✦

GUTE PARTNERSCHAFTEN

Der Löwe bietet dir den Schutz, den du suchst; sei nicht zu stur. Lass dich von den Stimmungen der Wasserzeichen Fische und Skorpion nicht aus der Ruhe bringen – sie bieten dir die Sensibilität, die du dir wünschst. Obwohl der Schütze auf seine Unabhängigkeit pocht, werdet ihr eine ungewöhnliche, aber starke Bindung eingehen.

✦

SCHWIERIGE PARTNERSCHAFTEN

In Beziehungen mit dem Widder musst du ständig mit unerwarteten Ereignissen rechnen; seine explosive Natur kollidiert mit deiner Rationalität. Beziehungen mit den Luftzeichen Zwillinge und Wassermann sind turbulent – ihre Wankelmütigkeit könnte deine Eifersucht befeuern.

Magische Tipps

Durch die Kraft des Erdelements kommst du deinen Wünschen näher, die Liebe wiederzufinden. Sammle etwas Erde, wenn der Neumond im Stier hoch am Himmel steht, und füll sie in einen Topf. Pflanze einen Samen; du kannst zwischen Wassermelone, Spargel, Basilikum, Rüben und Mangold, Artischocke, Cardy, Karotte, Kohl, Chicorée, Zwiebel, Fenchel, Salat, Melone, Aubergine, Paprika, Erbse, Petersilie, Rettich, Rucola, Sellerie und Zucchini wählen. Sende schöne Gedanken an eine geliebte Person, jedes Mal, wenn du die Pflanze gießt. Je intensiver die Gedanken, desto stärker werden sie im Universum nachhallen.

Beruf

Das Beste

Du bist zuverlässig und methodisch – ein ausgezeichneter Mitarbeiter! Die Zusammenarbeit mit Erdzeichen führt immer zu hervorragenden Ergebnissen. Die Arbeit mit dem neugierigen Schützen ist eine gute Ergänzung; du kannst seine Ideen umsetzen. Der Krebs ist pünktlich und hartnäckig; eure Projekte werden erfolgreich sein. Mit dem unkonventionellen Wassermann entwickelst du großartige Ideen.

✦

Hat Potenzial

Obwohl die Waage nicht so konsequent an einem Projekt arbeitet wie du, eint euch der gemeinsame Geburtsherrscher Venus im Streben nach Ruhe und Harmonie. Fische haben zwar manchmal schlechte Laune, aber sie sind perfekte Kollegen, wenn es um die Bewältigung plötzlicher Notfälle geht; ihr seid ein exzellentes Team.

✦

Lieber meiden

Dein Konkurrenzdenken wird bei der Arbeit mit den Feuerzeichen Widder und Löwe oft zu hitzigen Debatten führen. Zwillingen fällt es schwer, sich auf eine Aufgabe zu konzentrieren, was du als störend empfindest. Mit dem Skorpion sind Feindseligkeiten vorprogrammiert; du bist sehr stur und willst immer das letzte Wort haben.

Magische Tipps

Tarotkarten sind gut dafür geeignet, dir deine Wünsche bewusst zu machen, und können interessante Anregungen zu deinen Fragen geben. Versuche dich auf das Ziel deiner Wünsche zu konzentrieren.

1. Ziehe die Karte, die dein Sternzeichen repräsentiert; Stier entspricht dem Hierophanten.
2. Ziehe die Karte, die der Marsposition in deinem Geburtshoroskop entspricht.
3. Ziehe eine beliebige Karte.

Betrachte die gezogenen Karten. Welche Gedanken rufen sie in dir hervor?

Familie

Stier-Eltern

Stier-Eltern lassen sich von den Launen ihrer Kinder nicht aus der Ruhe bringen; sie sind das geduldigste Sternzeichen. Sie tun ihr Bestes dafür, dass die Familie auf einem soliden Fundament steht, und sorgen für ein schönes Heim, in dem man Zeit miteinander verbringen kann. Allerdings können sie keine Unordnung ertragen!

Stier-Geschwister

Dank ihrer Ruhe und Disziplin haben Stier-Geschwister die Fähigkeit, den Aufruhr zu bändigen, der oft in der Familie entsteht – vor allem, wenn sie hyperaktive und unordentliche Brüder und Schwestern haben. Sie teilen ihre Spielsachen selten, sind sehr eifersüchtig und manchmal ein wenig despotisch. Mit Wasserzeichen haben sie eine starke Bindung. Eine Warnung für Skorpion-Brüder und -Schwestern: Für den Stier gibt es kein Geheimnis!

Magische Tipps

Verschenke wunderschöne Amulette mit den Edelsteinen, die deinem Sternzeichen zugeordnet sind, an geliebte Menschen: Der Smaragd fördert Harmonie und gesunden Menschenverstand, grüne Jade symbolisiert spirituellen und materiellen Reichtum und schützt vor negativen Energien. Grüner Turmalin verstärkt positive Schwingungen und hilft, die positiven Aspekte des Lebens zu erkennen, grüner Aventurin erleichtert den Vergleich mit anderen. Rosenquarz steht für Romantik, Fluorit fördert das Gleichgewicht zwischen Herz und Geist.

Jungfrau

Als veränderliches Erdzeichen erhebt sich die Jungfrau am Ende des Sommers in den Himmel, wenn die Tage kürzer werden und die Natur ihren Fortpflanzungszyklus abschließt: Die Erde hat all ihre Reichtümer verschenkt und bereitet sich auf die Ruhe vor. Deshalb liegt es nahe, dass Jungfrau-Geborene sparsam und verantwortungsbewusst sind. Ihr Geburtsherrscher ist Merkur und steht für Liebe zum Detail und Vernunft. Im Tarot ist ihr der Einsiedler zugeordnet, der Reinheit symbolisiert und im Rückzug sein Gleichgewicht findet.

✦ Sonne ✦

PERSÖNLICHKEIT UND TEMPERAMENT

Du bist ein Perfektionist mit Methodik, starken Überzeugungen und der Fähigkeit, logisch zu denken. Du hast eine ausgeprägte Beobachtungsgabe – nutze sie, um zu verstehen, wann dein Wunsch nach Kontrolle zum Hindernis wird.

✦ Mond ✦

GEFÜHLE UND EMOTIONALE INTELLIGENZ

Du bist zurückhaltend, nachdenklich und verfügst über eine starke Introspektionsfähigkeit. Mit eiserner Rationalität ausgestattet, scheust du dich, deine Gefühle auszudrücken.

✦ Aszendent ✦

GESELLSCHAFTSLEBEN

Man könnte denken, du seist nicht spontan, aber in Wahrheit hast du einen starken praktischen Sinn – du redest nie Unsinn und ziehst Gesten intellektuellen Spekulationen vor. Sei nicht zu selbstkritisch.

✦ Deszendent ✦

UNTERBEWUSSTSEIN UND TIEFE VERBINDUNGEN

Der Aszendent in den Fischen macht dich einfühlsam und empfänglich für die Stimmungen anderer – Eigenschaften, die dich dazu bringen, dein Bestes für andere zu geben.

✦ Merkur ✦

INTELLIGENZ UND KOMMUNIKATIVE FÄHIGKEITEN

Du hast einen analytischen Verstand. Merkur verleiht dir Kommunikationsstärke und geistige Klarheit. So kannst du Situationen aus verschiedenen Blickwinkeln analysieren.

✦ Venus ✦

LIEBE UND VERLANGEN

In der Liebe bist du besonnen und realistisch: Du zeigst deine Gefühle eher mit kleinen Gesten als mit überschwänglicher Romantik. Du suchst emotionale Stabilität und möchtest eine dauerhafte Beziehung aufbauen.

✦ Mars ✦

TATKRAFT UND LEIDENSCHAFT

Du verfügst über ausgeprägte strategische Fähigkeiten, kannst Risiken und Gefahren jeder Situation einschätzen. Dein Hang zu Logik lässt dich kalt und distanziert erscheinen. Du ziehst den Weitblick der Impulsivität vor.

Die Magie der Jungfrau

Zaubersprüche für Gesundheit und Wohlbefinden passen zur Energie der Jungfrau. Konzentriere dich bei Neumond in der Jungfrau darauf, ungesunde Zyklen zu durchbrechen und neue, gesunde zu schaffen.

Liebe

HARMONISCHE PARTNERSCHAFTEN

Mit Stier und Steinbock teilst du das Bedürfnis nach Stabilität und einer gewissen Ruhe – fruchtbarer Boden für dauerhafte Liebe. Der Krebs strebt wie du nach Sicherheit und liebt die Routine. Wenn dich die ständige Suche der Zwillinge nach Neuem nicht aus der Ruhe bringt, genießt du die intensive mentale Verbindung.

✦

GUTE PARTNERSCHAFTEN

Mit anderen Jungfrauen kannst du dank der gemeinsamen Basis eine stabile Beziehung aufbauen. Du übst eine starke Anziehung auf Fische aus; ihre visionäre Natur kann dich etwas auflockern. Der Skorpion verzaubert dich mit seiner geheimnisvollen Art, aber lass dich nicht von seiner Emotionalität abschrecken.

✦

SCHWIERIGE PARTNERSCHAFTEN

Beziehungen zu Feuerzeichen können kompliziert sein: Die Egozentrik des Löwen, die Wut des Widders und die Freiheitsliebe des Schützen lassen sich nur schwer mit deiner Bodenständigkeit vereinbaren. Mit Waage und Wassermann kommt es zu Konflikten – ihre abstrakte und intuitive Weltanschauung steht in krassem Gegensatz zu deinem praktischen Sinn.

Magische Tipps

Der Saphir ist einer der Edelsteine des Sternzeichens Jungfrau; er steht für gegenseitiges Verständnis, Loyalität und Treue. Er hilft, der Zerstreuung entgegenzuwirken, die eigenen Vorlieben zu klären und sich auf notwendige Veränderungen zu konzentrieren. Mach es dir gemütlich und versuche mit deinen tiefsten Wünschen in Kontakt zu treten. Halte den Saphir fest in deiner linken Hand und denke an die, die du liebst. Sprich zuerst ihre Namen und dann deinen laut aus, damit deine Wünsche im Universum widerhallen.

Beruf

Das Beste

Du bist effizient und organisiert, Eigenschaften, die dich im Beruf unersetzlich machen. Mit Erdzeichen bildest du ein tadelloses Team, denn sie sind methodisch und pünktlich. Auch mit Krebs und Skorpion kann eine fruchtbare Zusammenarbeit entstehen: Der Krebs ist trittsicher und bewahrt kühlen Kopf in unerwarteten Situationen, während der Skorpion akribisch auf Details achtet.

✦

Hat Potenzial

Du bist rational und brauchst Stabilität – du brauchst die Arbeit, um dir ein angenehmes Leben zu ermöglichen und eine Aufgabe zu haben. Trotz der Unterschiede kannst du mit den Luftzeichen Zwillinge und Waage eine gute Balance finden: Zwillinge bringen Schwung in dein Berufsleben, während die Waage deinen Sinn für Ästhetik teilt – gemeinsam könnt ihr ein schönes Arbeitsumfeld schaffen.

✦

Lieber meiden

Die Zusammenarbeit mit Feuerzeichen kann ermüdend sein: Widder, Löwe und Schütze sind nicht gut darin, Fristen einzuhalten, was dich nervt. Beim Wassermann könnte es kompliziert werden: Du achtest auf Details, während der Wassermann lieber den Überblick behält. Auch die Zusammenarbeit mit Fischen kann schwierig sein: Du denkst analytisch, während Fische eine emotionale Verbindung suchen.

Magische Tipps

Tarotkarten sind gut dafür geeignet, dir deine Wünsche bewusst zu machen, und können interessante Anregungen zu deinen Fragen geben. Versuche dich auf das Ziel deiner Wünsche zu konzentrieren.

1. Ziehe die Karte, die dein Sternzeichen repräsentiert; Jungfrau entspricht dem Eremiten.
2. Ziehe die Karte, die der Marsposition in deinem Geburtshoroskop entspricht.
3. Ziehe eine beliebige Karte.

Betrachte die gezogenen Karten. Welche Gedanken rufen sie in dir hervor?

Familie

Jungfrau-Eltern

Jungfrau-Eltern sind verantwortungsbewusst und praktisch. Sie sind ziemlich zurückhaltend und machen keine Komplimente. Sie zeigen ihre Zuneigung, indem sie ihre Kinder mit Geschenken überhäufen, und bieten ihrer Familie einen hohen Lebensstandard. Allerdings sind sie sehr anspruchsvoll und schnell enttäuscht.

Jungfrau-Geschwister

Jungfrau-Geschwister halten sehr zu ihrer Familie, obwohl sie dies selten mit Worten zum Ausdruck bringen. Ihre Bindung zu Erdzeichen ist stark: Als Spielkameraden sind sie praktisch und vernünftig, haben Spaß an gemeinsamen Brettspielen und Puzzles. Bei Skorpion-Geschwistern führt der Wettbewerb, gepaart mit dem gemeinsamen Perfektionismus, zu immer komplexeren Freizeitbeschäftigungen.

Magische Tipps

Verschenke wunderschöne Amulette mit den Edelsteinen, die deinem Sternzeichen zugeordnet sind, an geliebte Menschen: Die Perle hilft Emotionen freizusetzen, der Saphir symbolisiert Wahrheit und Beständigkeit und stärkt gegenseitiges Verständnis und Loyalität. Der Karneol verleiht Vitalität, vertreibt negative Gefühle und fördert die Beziehungen zu anderen, der Amethyst verleiht Gelassenheit und Ausgeglichenheit. Rosenquarz steht für die Öffnung gegenüber anderen und für klare Gedanken, Roter Jaspis fördert die Konzentration.

Steinbock

Als letztes bedeutendes Erdzeichen begrüßt der Steinbock die Wintersonnenwende, wenn die Tage länger werden und die Natur sich auf die Kälte vorbereitet. Steinbock ist das Zeichen solider, sturer Menschen. Das Tier, das ihn repräsentiert, ist tatsächlich in der Lage, die höchsten Höhen zu erklimmen. Der Geburtsherrscher Saturn verleiht Steinbock-Geborenen Charakterstärke und Widerstandskraft, aber auch Melancholie. Im Tarot ist ihm die Teufelskarte zugeordnet, die Karte der Introspektion und Psychoanalyse.

✦ Sonne ✦

PERSÖNLICHKEIT UND TEMPERAMENT

Du bist das nachdenklichste Sternzeichen. Du handelst nicht ungestüm, sondern erreichst deine Ziele mit Geduld und Hingabe. Du liebst die Einsamkeit und wirkst vielleicht kalt und distanziert. Hab keine Angst, deine verletzliche Seite zu zeigen.

✦ Mond ✦

GEFÜHLE UND EMOTIONALE INTELLIGENZ

Du bist rücksichtsvoll und dir deiner Bedürfnisse bewusst. Obwohl du dich selbstbewusst und emotional distanziert gibst, verbirgst du eine sensible Seele, wenn tiefe Gefühle im Spiel sind.

✦ Aszendent ✦

GESELLSCHAFTSLEBEN

Du ziehst das Konkrete den Tagträumen vor und bist sehr praktisch veranlagt. Da du dir deiner Hartnäckigkeit und Disziplin bewusst bist, übernimmst du gerne Verantwortung.

✦ Deszendent ✦

UNTERBEWUSSTSEIN UND TIEFE VERBINDUNGEN

Ein Krebs-Aszendent verleiht dir eine sanfte Seele und die Fähigkeit zuzuhören; er hilft dir, bei anderen die Motivation zu finden, die du brauchst, um die Früchte deiner Bemühungen zu ernten.

✦ Merkur ✦

INTELLIGENZ UND KOMMUNIKATIVE FÄHIGKEITEN

Du bist zwar eher schweigsam, aber deine Ansichten kommunizierst du mit Ruhe und Konsequenz, ohne jemals oberflächlich zu sein. Deine Urteile sind klar; du bist nicht geneigt, auf die emotionale Seite einer Situation einzugehen.

✦ Venus ✦

LIEBE UND VERLANGEN

Du bist introvertiert und es fällt dir schwer, Gefühle zu zeigen. Du wägst jedes Detail sehr sorgfältig ab, bevor du eine Beziehung eingehst. Du möchtest die Zukunft planen und suchst eine dauerhafte Beziehung, die von gegenseitiger Verantwortung geprägt ist.

✦ Mars ✦

TATKRAFT UND LEIDENSCHAFT

Die Aggressivität des Mars vereint sich mit der Hartnäckigkeit und dem Ehrgeiz des Steinbocks. Logik und Pragmatismus sind der Motor deiner Energie; du orientierst dich an konkreten Entscheidungen, die dank deiner Initiative erfolgreich umgesetzt werden.

Die Magie des Steinbocks

Der Vollmond im Steinbock hilft dir, neue Lösungen für alte Probleme zu finden, über deine Erfolge nachzudenken und die Prozesse zu verfeinern, durch die du jeweils zum Ergebnis gekommen bist.

Liebe

HARMONISCHE PARTNERSCHAFTEN

Erdzeichen stehen dir am nächsten: Der Stier bringt Leichtigkeit mit; die Jungfrau Leidenschaft, und ein anderer Steinbock wird deine Geheimniskrämerei teilen. Mit einem Krebs ist das emotionale Verständnis perfekt.

✦

GUTE PARTNERSCHAFTEN

Mit Luftzeichen ist man gern zusammen, aber ihre Neigung zu Intuition und schnellen Entscheidungen erschwert den intellektuellen Austausch. Die Wasserzeichen Skorpion und Fische sind zwar in der Lage, emotional zu dir durchzudringen, aber die Empfindlichkeit des Skorpions und die Träumerei der Fische nerven dich schnell.

✦

SCHWIERIGE PARTNERSCHAFTEN

Die Kompatibilität mit Feuerzeichen ist schwierig: Der Widder liebt Improvisation, und du bist methodisch und vorsichtig. Der Löwe braucht ständig Aufmerksamkeit, und du hasst es, deine Gefühle zu zeigen. Der Schütze entdeckt gerne Neues, und du wünschst dir Ruhe und Stabilität.

Magische Tipps

Der Vollmond im Steinbock ist für diesen einfachen Liebeszauber der perfekte Zeitpunkt. Nimm drei schwarze Kerzen, eine Knoblauchzehe und ein Bild der geliebten Person und suche dir einen ruhigen Platz im Grünen. Bereite dich vor und beginne mit der Meditation über die Kraft der Liebe und ihre verschiedenen Erscheinungsformen. Zünde die drei Kerzen an und betrachte das Bild in deinen Händen. Konzentriere dich auf das Glück der Person deiner Anrufung. Nimm die Knoblauchzehe, zünde sie mit der Flamme der mittleren Kerze an und vergrabe sie dann in der Erde.

Beruf

Das Beste

Du bist ehrgeizig und kannst deine Aufgaben hervorragend bewältigen. Bei der Arbeit kannst du glänzen. Willenskraft und Ausdauer sind gemeinsame Eigenschaften der Erdzeichen: Der Stier erinnert dich an die Pausen, die Jungfrau sorgt für die Einhaltung von Deadlines und der Steinbock ist entschlossen und gradlinig. Auch zu Wasserzeichen hast du eine Affinität: Der Krebs steht für Teamwork, der Skorpion ist eher zurückhaltend und die Kreativität der Fische beflügelt deine Fantasie.

✦

Hat Potenzial

Die Leichtlebigkeit der Waage mag nicht zu deiner ernsten Arbeitsauffassung passen, aber ihr könnt viel voneinander lernen. Der Löwe teilt deinen Wunsch nach Erfolg, obwohl die Wege zum Ziel unterschiedlich sind. Wenn ihr diese Unterschiede ausgleichen könnt, werdet ihr ein hervorragendes Team.

✦

Lieber meiden

Das barsche Auftreten des Widders macht dich sprachlos – lass ihn die Arbeiten machen, die ein gewisses Maß an Aggressivität erfordern. Das entspannte, freche Verhalten der Schützen irritiert dich; vergiss nicht, dass auch sie, wie die Widder, Feuerzeichen sind. Die Luftzeichen Wassermann und Zwillinge sind nicht die besten Arbeitskollegen für dich: Wassermänner verzetteln sich leicht, und die Zwillinge tun alles, um Routinearbeiten zu vermeiden, wo immer es geht.

Magische Tipps

Tarotkarten sind gut dafür geeignet, dir deine Wünsche bewusst zu machen, und können interessante Anregungen zu deinen Fragen geben. Versuche dich auf das Ziel deiner Wünsche zu konzentrieren.

1. Ziehe die Karte, die dein Sternzeichen repräsentiert; Steinbock entspricht der Teufelskarte.
2. Ziehe die Karte, die der Marsposition in deinem Geburtshoroskop entspricht.
3. Ziehe eine beliebige Karte.

Betrachte die gezogenen Karten. Welche Gedanken rufen sie in dir hervor?

Familie

Steinbock-Eltern

Steinbock-Eltern stützen ihre Erziehungsgrundsätze auf Ordnung und Disziplin. Sie haben große Ambitionen für ihre Kinder, mit denen sie mit maßvoller Distanz kommunizieren und Gefühlsausbrüche stets vermeiden. Sie haben ein ausgeprägtes Verantwortungsbewusstsein und geben ihren Kindern viel Freiheit. Allerdings sollte man die mit Vernunft gesteckten Grenzen nicht überschreiten – sie dulden keinen Ungehorsam und fordern Respekt.

Steinbock-Geschwister

Steinbock-Geschwister sind wortkarge Einzelgänger, sanftmütig und großzügig, geben ihre Beharrlichkeit gern an ihre Geschwister weiter. Sie mögen lieber Lern- als Fantasiespiele. Zu Krebsgeschwistern gibt es eine starke Bindung, allerdings ohne große Umarmungen und gefühlsbetonte Berührungen – sie hassen körperliche Zuneigungsbekundungen.

Magische Tipps

Verschenke wunderschöne Amulette mit den Edelsteinen, die deinem Sternzeichen zugeordnet sind, an geliebte Menschen: Schwarzer Onyx absorbiert negative Energien, Jade fördert die Kommunikation und Klarheit des Denkens, flößt Mut ein und stärkt die Persönlichkeit, Schwarzer Turmalin hilft, Fehler zu erkennen und daraus nützliche Lehren für die Zukunft zu ziehen, Rauchquarz reduziert Angst und Stress und erleichtert die Introspektion.

Luft-
zeichen

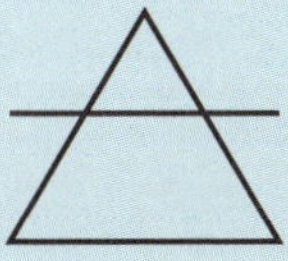

Das **Element Luft** wird durch ein nach oben zeigendes Dreieck dargestellt, das von einer horizontalen Linie gekreuzt wird. Die Tierkreiszeichen dieses Elements sind **Zwillinge** (ein veränderliches Zeichen, das von Merkur dominiert wird und dem dritten Haus entspricht), **Waage** (ein Kardinalzeichen, das von Venus dominiert wird und dem siebten Haus entspricht) und **Wassermann** (ein festes Zeichen, das von Uranus dominiert wird und dem elften Haus entspricht). Luftzeichen stehen für Intelligenz und Kommunikation. Sie sind einfallsreich, unbeschwert; sie denken schnell, aber es mangelt ihnen an praktischem Sinn. Im Tierkreis sind sie entgegengesetzt und ergänzend zu den Feuerzeichen.

Zwillinge

Zwillinge, das erste veränderliche Luftzeichen, ist lebhaft und kontaktfreudig. Sein Sternbild leuchtet am Ende des Frühlings am Himmel und kündigt die Sommerperiode an, in der sich die Natur erneut darauf vorbereitet, Früchte zu tragen. Der Geburtsherrscher der Zwillinge ist Merkur, die unter diesem Zeichen Geborenen sind sehr kommunikativ und fürchten sich nicht vor Veränderungen. Im Tarot ist ihnen die Karte der Liebenden zugeordnet, das Symbol für Kommunikation.

✦ Sonne ✦

PERSÖNLICHKEIT UND TEMPERAMENT

Neugierig, energisch und hyperaktiv bist du ständig auf der Suche nach neuen Reizen; kein Detail entgeht dir. Du bist sehr anpassungsfähig, aber dein Eklektizismus könnte zu Oberflächlichkeit führen – hab keine Angst vor Langeweile.

✦ Mond ✦

GEFÜHLE UND EMOTIONALE INTELLIGENZ

Du hast vielfältige Interessen und viel Fantasie, springst von einem Gedanken zum nächsten. Deine Emotionen entstehen durch intellektuelle Reize. Es fällt dir schwer, Kontakt zu deinen tiefsten Gefühlen aufzunehmen.

✦ Aszendent ✦

GESELLSCHAFTSLEBEN

Du bist vielseitig, scharfsinnig und lebhaft. Dein Bedürfnis zu teilen ist unbändig; Geselligkeit lädt deine Energie auf und du genießt es, unter Menschen zu sein. Deine Gesprächigkeit wirkt anziehend auf andere, die du gut zu unterhalten weißt.

✦ Deszendent ✦

UNTERBEWUSSTSEIN UND TIEFE VERBINDUNGEN

Der Aszendent im Schützen vermittelt dir starke Freiheitsliebe, Leidenschaft, Aufgeschlossenheit und Begeisterung. Die Kommunikationsfähigkeit der Zwillinge drängt dich dazu, deine edelsten Absichten mit so vielen Menschen wie möglich zu teilen.

✦ Merkur ✦

INTELLIGENZ UND KOMMUNIKATIVE FÄHIGKEITEN

Zwillinge sind brillant und selbstbewusst und verfügen über die besten kommunikativen Fähigkeiten im Tierkreis. Du denkst schnell, verfügst über eine wache Intelligenz und Selbstironie. Dank deiner guten Rhetorik bist du ein Meister der Kommunikation.

✦ Venus ✦

LIEBE UND VERLANGEN

Du suchst in sentimentalen Affären mentale Harmonie. Dein Idealpartner versteht es, sich mit dir auf Augenhöhe auszutauschen und dich durch ständig neue Reize nicht zu langweilen. Liebe ist für dich nicht statisch, vielmehr ein Spiel, das sich ständig verändert.

✦ Mars ✦

TATKRAFT UND LEIDENSCHAFT

Du verteidigst deine Ideen mit Sarkasmus, Witz und entwaffnender Offenheit, oft aus reinem Vergnügen, eine Debatte anzustoßen. Achte darauf, dich nicht durch deine vielen (zu vielen) Interessen zu verzetteln, sonst wirst du zu ruhelos und zerstreut.

Die Magie des Zwillings

Der Neumond ist die beste Zeit, um einen Zauber für Neuanfänge auszuüben. Bei Neumond in den Zwillingen kannst du den Erfolg des Wahrsagens und von Prophezeiungen sowie Glück bei allem, was mit Kommunikation und Lernen zu tun hat, herbeiwünschen.

Liebe

HARMONISCHE PARTNERSCHAFTEN

Mit Löwe und Schütze kannst du viel Spaß haben: Lockere Beziehungen voller spielerischer Streitereien mit beißender Ironie. Mit Waage und Wassermann verstehst du dich außergewöhnlich gut; der Gedankenaustausch findet auf gleicher Ebene statt. Du kannst eine ungewöhnliche, aber intensive Bindung mit Jungfrauen eingehen; sie gewinnen dich durch ihr Selbstvertrauen.

✦

GUTE PARTNERSCHAFTEN

Das Durchsetzungsvermögen des Widders mag dich ärgern, aber seine Vitalität macht es wieder wett. Der Steinbock ist zurückhaltend und umsichtig; wenn dich das nicht verunsichert, profitierst du von seiner Weisheit und Sensibilität. Mit einem Zwilling wirst du, trotz des unaufhörlichen Redeflusses, aufregende Momente erleben. Der Krebs vermag trotz aller Unterschiede deine tiefste emotionale Seite zu erkennen.

✦

SCHWIERIGE PARTNERSCHAFTEN

Skorpion und Fische sind zu sensibel für dich – sie suchen eher nach emotionalem Verständnis als nach mentaler Komplizenschaft, die für dich unerlässlich ist; durch deine Geselligkeit fühlen sie sich oft vernachlässigt. Der Stier ist das besitzergreifendste Zeichen des Tierkreises und liebt die Routine. Am liebsten bleibt er zu Hause, um die intimsten Gedanken nur mit dir zu teilen. Du könntest dich eingesperrt fühlen.

Magische Tipps

Durch die Kraft der Pflanzen kannst du mit deinen tiefsten Herzenswünschen in Verbindung treten. Besorge dir fünf Sonnenblumen, ein gelbes Band und ein Glas Honig. Nimm eine bequeme Position ein und schließ die Augen. Stelle die Verbindung zu einem Gedanken her, der dich glücklich macht, konzentriere dich dann auf den Menschen, den du liebst. Öffne die Augen und denke an Liebe und Glück, während du das Band um die Blumen bindest. Mit einem Finger bestreichst du die Sonnenblumen mit Honig und stellst sie in einer Keramikvase ins Mondlicht.

Beruf

Das Beste

Deine größte Gabe ist zweifellos die Fähigkeit, über jedes Thema vorurteilsfrei zu diskutieren. Deine Kommunikationsstärke macht dich unverzichtbar. Die Luftzeichen Waage und Wassermann verstehen es, selbst deinen bahnbrechendsten Ideen eine Form zu geben, während die Feuerzeichen Widder und Schütze sie mit ihrem Unternehmergeist in die Realität umsetzen können.

✦

Hat Potenzial

Du schätzt Jungfrauen für ihre Akribie, aber ihre Vorliebe für Pünktlichkeit kann deinen kreativen Fluss unterbrechen. Der Löwe ist zwar Individualist, aber sein Einfallsreichtum, gepaart mit deiner schnellen Denkweise, kann euch beiden zugutekommen. Fische sind oft faul, aber auch sehr kreativ – zusammen könnt ihr die originellsten Ideen verwirklichen. Jede Partnerschaft mit einem Krebs birgt einige Rückschläge in sich, jedoch kann dich seine brillante Intuition in Erstaunen versetzen.

✦

Lieber meiden

Die beste Arbeitsweise für dich ist der schnelle Gedankenaustausch, deshalb findest du die Kommunikation mit den Erdzeichen Stier und Steinbock ermüdend: Ihr seid euch selten einig und du riskierst, den Faden zu verlieren, wenn zuerst jeder Vorgang ausdiskutiert werden muss. Der Skorpion verärgert dich mit seinen vernichtenden Kommentaren, wenn du mit einem Witz die Atmosphäre am Arbeitsplatz auflockern willst. Die Zusammenarbeit mit Zwillingen ist schwierig, ihr kommt auf keinen grünen Zweig.

Magische Tipps

Tarotkarten sind gut dafür geeignet, dir deine Wünsche bewusst zu machen, und können interessante Anregungen zu deinen Fragen geben. Versuche dich auf das Ziel deiner Wünsche zu konzentrieren.

1. Ziehe die Karte, die dein Sternzeichen repräsentiert; Zwillinge entspricht der Karte der Liebenden.
2. Ziehe die Karte, die der Marsposition in deinem Geburtshoroskop entspricht.
3. Ziehe eine beliebige Karte.

Betrachte die gezogenen Karten. Welche Gedanken rufen sie in dir hervor?

Familie

Zwillinge-Eltern

Zwillinge-Eltern sind lebhaft und kommunikativ; sie bauen eine gleichberechtigte und freundschaftliche Beziehung zu ihren Kindern auf: Sie sind stets gesprächsbereit und geben eher Ratschläge und Erklärungen statt Anweisungen. Sie möchten ihren Kindern die intellektuellen Werkzeuge an die Hand geben, die sie brauchen, um für jede Situation gewappnet zu sein. Sie füllen das Familienleben gern mit anregenden Aktivitäten. Achtung: Sie können manchmal etwas indiskret sein!

Zwillinge-Geschwister

Zwillinge-Geschwister sind die perfekten Begleiter für Ausflüge. Ihre unersättliche Neugier führt sie immer wieder in neue Abenteuer, gemeinsam mit möglichst vielen Menschen: Geschwister oder Freunde – je mehr, desto besser! Zwillinge lieben Gesellschaft, am besten von lebhaften Feuerzeichen. Und wenn du sie mit einem Geschenk überraschen möchtest, schenke ihnen ein gutes Buch.

Magische Tipps

Verschenke wunderschöne Amulette mit den Edelsteinen, die deinem Sternzeichen zugeordnet sind, an geliebte Menschen: Der Topas symbolisiert Mut und Weisheit, bringt gute Laune und stärkt die eigene Autorität, indem er Optimismus und Energie verleiht. Der Citrin stimuliert das Gedächtnis und hat positiven Einfluss auf die Intelligenz und das Umsetzen von Projekten.

Waage

Die Waage ist ein Luftzeichen, das ab der Herbst-Tagundnachtgleiche am Himmel leuchtet, wenn die Tage gleichmäßig zwischen Licht und Dunkelheit aufgeteilt sind. Waage-Geborene sind ständig um Gleichgewicht und Ausgeglichenheit bemüht. Ihre Geburtsherrscherin ist Venus und sie haben einen ausgeprägten Sinn für Ästhetik und Eleganz mit einem Hauch von Eitelkeit. Im Tarot ist ihnen die Karte der Gerechtigkeit zugeordnet, die eine Waage in ihren Händen hält und für Redlichkeit und Harmonie steht.

✦ Sonne ✦

PERSÖNLICHKEIT UND TEMPERAMENT

Du bist freundlich, aufrichtig und unkonventionell. Wenn eine Regel nicht funktioniert, definierst du sie neu. Obwohl du immer bereit bist, für eine gute Sache zu kämpfen, erliegst du selten der Wut – deine beste Waffe ist die Diplomatie.

✦ Mond ✦

GEFÜHLE UND EMOTIONALE INTELLIGENZ

Du erlebst Emotionen intensiv, lässt dich aber nicht von ihnen überwältigen, denn du weißt, wie du sie auf eine rationale Ebene bringst. Dein Gerechtigkeitssinn verleiht dir ein großes Einfühlungsvermögen, du bist ein guter Zuhörer.

✦ Aszendent ✦

GESELLSCHAFTSLEBEN

Du bist optimistisch und kontaktfreudig und liebst es, deine vielfältigen Interessen mit möglichst vielen Menschen zu teilen. Dank deiner Aufrichtigkeit und Freundlichkeit bist du ein geschätzter Freund.

✦ Deszendent ✦

UNTERBEWUSSTSEIN UND TIEFE VERBINDUNGEN

Der Aszendent im Widder schenkt dir Vertrauen und Eigeninitiative, die du Dank deiner Höflichkeit und Kooperationsbereitschaft anderen zuteilwerden lässt.

✦ Merkur ✦

INTELLIGENZ UND KOMMUNIKATIVE FÄHIGKEITEN

Sanft und pragmatisch gehst du Konflikten um jeden Preis aus dem Weg. Du nutzt deine Intuition, um Gespräche zu führen, die von Freundlichkeit und Empathie geprägt sind. Du hast ein gutes Gespür für andere und weißt immer, was ihnen guttut.

✦ Venus ✦

LIEBE UND VERLANGEN

Du bist äußerst romantisch – für dich ist Liebe ein grundlegender Bestandteil deines Strebens nach Gleichgewicht. Dein ausgeprägter Sinn für Ästhetik und dein Idealismus machen dich sehr anspruchsvoll. Hab keine Angst, Entscheidungen zu treffen.

✦ Mars ✦

TATKRAFT UND LEIDENSCHAFT

Du ziehst freundliche Dialoge aggressiven Handlungen vor. Dein tiefer Wunsch nach Harmonie und dein unverbrüchlicher Sinn für Gerechtigkeit lassen dich jede Situation mit Diplomatie angehen.

Die Magie der Waage

Mit dem Vollmond in der Waage kannst du die harmonische Energie und Konzentration dieses Zeichens dazu nutzen, für mehr Ausgeglichenheit in deinem Leben zu sorgen.

Liebe

HARMONISCHE PARTNERSCHAFTEN

Du hast eine starke Affinität zu Wassermann und Zwillingen: Durch eure Kommunikationsstärke erreicht ihr eine intensive mentale Verbindung. Trotz deiner Ausgeglichenheit hast du keine Angst davor, in der Liebe ungestüm zu sein – Löwe und Schütze erregen dich durch ihre Natürlichkeit. Dein Harmoniestreben teilst du mit dem Stier.

✦

GUTE PARTNERSCHAFTEN

Mit dem feurigen Widder kannst du mit Kompromissbereitschaft ein gutes Gleichgewicht herstellen. Die Sensibilität des Krebses zieht dich an; lass dich nicht von seiner Faulheit anstecken. Auch der Steinbock wünscht sich eine stabile Beziehung, allerdings fällt es dir schwer, in seine emotionale Sphäre einzudringen. Trotz der Affinität zu anderen Waagen kann eure Unentschlossenheit die Kommunikation erschweren.

✦

SCHWIERIGE PARTNERSCHAFTEN

Mit einer Jungfrau kommst du nicht aus; ihre Regelbesessenheit macht dich fertig. Skorpion und Fische empfinden dich als unsensibel, ihr Bedürfnis nach Aufmerksamkeit und ihre Stimmungsschwankungen ermüden dich. Meide sie am besten – bewahre dir die Freiheit, die du in einer gleichberechtigten Beziehung findest.

Magische Tipps

Freitag ist der beste Tag, um die Kraft der Waage zu nutzen. Such dir einen Ort, an dem du deine Energie konzentrieren und dich mit reiner Seele darauf vorbereiten kannst, über die Eigenschaften nachzudenken, die du in einer Liebesbeziehung suchst. Schreib sie auf ein Blatt Papier, falte das Blatt und drück es zwischen deinen Handflächen zusammen. Falte die Hände auf Herzhöhe und visualisiere, was du geschrieben hast; konzentriere dich auf deine Wünsche und tauche in die Gefühle ein, die diese kurze Meditation in deinem Herzen erzeugt hat.

Beruf

Das Beste

Du arbeitest gern im Team und man schätzt dich wegen deiner ausgleichenden und sympathischen Art. Deine idealen Kollegen sind Luftzeichen. Sie denken schnell und sind intuitiv wie du; sie sorgen für Spaß und Leichtigkeit bei der Arbeit. Du hast nichts gegen Erfolg, deshalb sind die brillanten Feuerzeichen Schütze und Löwe deine idealen Verbündeten, um jedes Ziel mit Mut und Entschlossenheit zu erreichen.

✦

Hat Potenzial

Die Zusammenarbeit mit Erdzeichen ist mitunter schwierig: Sie verlangen Pünktlichkeit, Ernst und Disziplin. Wenn ihr jedoch einen guten Kompromiss findet, werdet ihr feststellen, dass ihr viel voneinander lernen könnt. Fische sind unentschlossen wie du, deshalb sind Entscheidungen nicht leicht zu treffen. Aber eure Vorstellungskraft hilft euch, jeden kreativen Prozess zu managen.

✦

Lieber meiden

Mit Widdern wirst du nie klarkommen – ihre Arroganz ist ein echtes Problem für dich und du wirst alles versuchen, um die direkte Konfrontation zu vermeiden, die sie anstreben. Du hältst die Wasserzeichen Skorpion und Krebs für passiv-aggressiv, die wiederum deine Fröhlichkeit und deine ständigen Kursänderungen äußerst irritierend finden.

Magische Tipps

Tarotkarten sind gut dafür geeignet, dir deine Wünsche bewusst zu machen, und können interessante Anregungen zu deinen Fragen geben. Versuche dich auf das Ziel deiner Wünsche zu konzentrieren.

1. Ziehe die Karte, die dein Sternzeichen repräsentiert; Waage entspricht der Karte der Gerechtigkeit.
2. Ziehe die Karte, die der Marsposition in deinem Geburtshoroskop entspricht.
3. Ziehe eine beliebige Karte.

Betrachte die gezogenen Karten. Welche Gedanken rufen sie in dir hervor?

Familie

Waage-Eltern

Mit ihrem ausgeprägten Sinn für Ethik und ihrer Sensibilität können Waage-Eltern Konfrontationen nicht ertragen und glauben nicht an autoritäre Methoden und Hierarchien; sie setzen auf aufrichtigen Dialog und gleichberechtigte Beziehung zu ihren Kindern und schützen die Familie um jeden Preis. Für sie ist das Zuhause ein Ruhepol, an dem sie sich mit schönen Dingen umgeben und die Familie zusammenkommt.

Waage-Geschwister

Milde, großzügige und zugängliche Waage-Geschwister sind die rücksichtsvollsten unter den Tierkreiszeichen. Sie hassen Streit und nehmen deshalb bei Auseinandersetzungen in der Familie oft die Rolle des Vermittlers ein, besonders wenn ihre Geschwister Feuerzeichen sind. Sie mögen keine Wettbewerbsspiele und bevorzugen eine Ausstellung oder einen Spaziergang in der Natur. Sie schätzen Gesellschaft und lieben Schönheit in all ihren Formen.

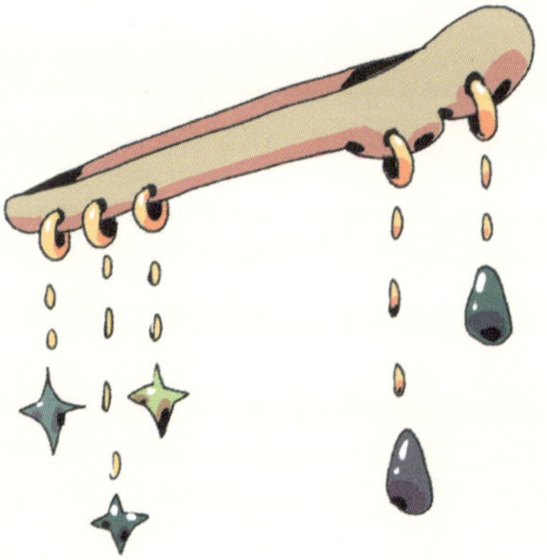

Magische Tipps

Verschenke wunderschöne Amulette mit den Edelsteinen, die deinem Sternzeichen zugeordnet sind, an geliebte Menschen: Lapislazuli hilft, Energien auszugleichen, blauer Kristall fördert das Bewusstsein für sich und andere. Opal begünstigt Veränderungen und sorgt für Optimismus. Malachit hilft, Zukunftsängste und vergangene Traumen zu bewältigen. Chrysopras fördert eine positive Lebenseinstellung.

home
home
home

Wassermann

Das letzte feste Luftzeichen, Wassermann, ist exzentrisch und unruhig. Sein Sternbild leuchtet am eiskalten Winterhimmel, wenn die kalte Jahreszeit ihren Höhepunkt erreicht. Sein Geburtsherrscher ist Uranus, der Planet des Genies und des Leichtsinns, der den Wassermann-Geborenen einen scharfen Verstand, Einfallsreichtum, hohe Ideale und einen Sinn für Zusammenhalt verleiht. Im Tarot ist ihnen die Sternkarte zugeordnet, die für Optimismus und Erfüllung steht.

✦ Sonne ✦

PERSÖNLICHKEIT UND TEMPERAMENT

Du bist ein unberechenbarer Idealist, ständig auf der Suche nach Originalität, und hast eine starke Vorstellungskraft. Du magst keine etablierten Definitionen und kannst strenge Regeln und Konformität nicht ertragen. Lass dich nicht von denen unterkriegen, die dich als kindisch bezeichnen.

✦ Mond ✦

GEFÜHLE UND EMOTIONALE INTELLIGENZ

Du hast eine gute Intuition; dein erster Eindruck ist selten falsch. Du glaubst fest an die Freiheit, und deine Aufgeschlossenheit befreit dich von den Leidenschaften, die dich fesseln. Es fällt dir schwer, deine Gefühle ruhig auszudrücken.

✦ Aszendent ✦

GESELLSCHAFTSLEBEN

Du bist kontaktfreudig und mutig und wirst von einem humanitären Geist angetrieben. Du engagierst dich leidenschaftlich für wichtige Anliegen, insbesondere, wenn diese von anderen geteilt werden. Freundschaft und Zusammenhalt sind dir sehr wichtig.

✦ Deszendent ✦

UNTERBEWUSSTSEIN UND TIEFE VERBINDUNGEN

Der Deszendent im Sternzeichen Löwe verleiht dir Charisma und Fröhlichkeit und fördert dein Gesellschaftsleben. Du möchtest so viele Menschen wie möglich kennenlernen und dich für den Aufbau einer Gemeinschaft einsetzen, die deine edlen Ideale teilt.

✦ Merkur ✦

INTELLIGENZ UND KOMMUNIKATIVE FÄHIGKEITEN

Du denkst schnell und folgst deiner Intuition. Du bist oft unruhig und erscheinst genervt. Deine Neugier verlangt nach ständigen Anregungen; es kann dir schwerfallen, deine Meinung zu ändern. Lasse deinen Idealismus nicht die Oberhand gewinnen.

✦ Venus ✦

LIEBE UND VERLANGEN

Du bist unberechenbar und inkonsequent, Regelmäßigkeit ist dir ein Gräuel. In der Liebe schätzt du diejenigen, die dir Abwechslung und Freiheit bieten. Du suchst tiefe Freundschaften und leidenschaftlichen geistigen Austausch von originellen Ideen und Spaß.

✦ Mars ✦

TATKRAFT UND LEIDENSCHAFT

Du bist enthusiastisch, mutig und rebellisch und ein leidenschaftlicher Verfechter der Freiheit in all ihren Formen. Deine besten Waffen sind Dialogstärke und Spontaneität. Deine Unstetigkeit könnte dich von deinen Zielen wegführen – arbeite an deiner Konzentration.

Die Magie des Wassermanns

Der Neumond im Wassermann verleiht Zaubersprüchen, die sich an die Gemeinschaft richten, enorme Kraft. Die magische Kraft dieses Zeichens ist auch gut, um einen Zauber zu brechen, aber dafür eignet sich der abnehmende Mond besser.

Liebe

HARMONISCHE PARTNERSCHAFTEN

Du bist das unberechenbarste und rätselhafteste Sternzeichen. Deine idealen Begleiter sind Waage und Zwillinge, denn sie teilen deine Unbekümmertheit und Leidenschaft für lange Gespräche. Deine Flüchtigkeit entfesselt den Wunsch nach Eroberung bei Schütze und Löwe, du bist von ihrem Charisma und ihrer Geselligkeit fasziniert.

GUTE PARTNERSCHAFTEN

Widder können lebhafte Partner sein, aber du musst lernen, dein Ego im Zaum zu halten. Der Steinbock bietet dir Stabilität und Ruhe, solange er seine Eifersucht ablegen kann. Mit einem anderen Wassermann ist das Verständnis intensiv, die Beziehung kann jedoch sehr turbulent werden. Fische verführen dich mit ihrem romantischen Idealismus, aber bleib auf dem Boden der Tatsachen!

SCHWIERIGE PARTNERSCHAFTEN

Die Eigenschaften von Stier und Jungfrau sind zu unvereinbar mit deinen Idealen: Sie können dein Umherziehen nicht ertragen und sind äußerst eifersüchtig. Bei Krebs und Skorpion sieht es nicht viel besser aus: Du verstehst ihre Launen nicht und ihre Forderung, alles zu teilen, gibt dir das Gefühl, eingesperrt zu sein.

Magische Tipps

Der Vollmond im Wassermann ist eine tolle Zeit, um einen Tee mit wenigen Zutaten zuzubereiten und deine Gedanken auf den geliebten Menschen zu richten. Du brauchst dazu:

- 1 Teelöffel Minze
- 1 Teelöffel Zitronenmelisse
- 1 Teelöffel Kamille
- 1 Teelöffel Weißdornblätter und -blüten
- 1 Teelöffel Mädesüß
- 1 Teelöffel Hundsrose
- 1 Teekanne
- 1 Teetasse

Misch die Kräuter mit der rechten Hand in einer Schüssel und konzentriere deine Energie auf den geliebten Menschen. Die Kräuter mit kochendem Wasser bedecken und zehn Minuten ziehen lassen. Den Tee in die Tasse gießen und nach Wunsch süßen.

Beruf

Das Beste

Für dich muss Arbeit auch einen ethischen Zweck haben; deshalb versuchst du, in jedem Projekt einen Sinn zu finden, der über die Banalität hinausgeht. Die Luftzeichen Waage und Zwillinge teilen diesen Wunsch mit dir, und eure bewundernswerte Intuition und Abstraktionsfähigkeit sorgen dafür, dass jedes Vorhaben etwas Besonderes wird. Fehlt es am Erfindungsreichtum, sorgt das Charisma des Schützen für die nötige Motivation.

✦

Hat Potenzial

Die Erdzeichen Stier und Steinbock wissen, dass du Schwierigkeiten hast, Fristen einzuhalten, aber sie brauchen deine unkonventionelle Kreativität, um ihre Vorschläge in die Tat umzusetzen. Erwarte keine klare und effektive Kommunikation von den Wasserzeichen Krebs und Fische; du wirst jedoch feststellen, dass sie immer für eine emotionale Ermutigung gut sind, sollte die Motivation einmal nachlassen.

✦

Lieber meiden

Mit einem anderen Wassermann wird es unmöglich sein, irgendwelche Aufgaben zu erledigen, du brauchst zur Unterstützung ein produktiveres Zeichen. Du erträgst den Individualismus des Löwen nicht – bei einem gemeinsamen Erfolg heimst er die Lorbeeren ein. Das Bestehen auf Pünktlichkeit der Jungfrau verunsichert dich und schreckt dich ab. Mit dem unnachgiebigen Skorpion wirst du kaum auf einen Nenner kommen.

Magische Tipps

Tarotkarten sind gut dafür geeignet, dir deine Wünsche bewusst zu machen, und können interessante Anregungen zu deinen Fragen geben. Versuche dich auf das Ziel deiner Wünsche zu konzentrieren.

1. Ziehe die Karte, die dein Sternzeichen repräsentiert; Wassermann entspricht der Sternkarte.
2. Ziehe die Karte, die der Marsposition in deinem Geburtshoroskop entspricht.
3. Ziehe eine beliebige Karte.

Betrachte die gezogenen Karten. Welche Gedanken rufen sie in dir hervor?

Familie

Wassermann-Eltern

Wassermann-Eltern sind die fortschrittlichsten des Tierkreises; sie wollen ihre Kinder in Freiheit und im Namen des Nonkonformismus großziehen. Ihre Erziehungsgrundsätze basieren auf Dialog und Gemeinsamkeit; sie lieben Familientreffen in einem im Garten aufgestellten Zelt oder planen lange Reisen im Wohnmobil, wo sie die Familie gern mit ihren bizarren Geschichten unterhalten.

Wassermann-Geschwister

Wassermann-Geschwister sind Freigeister. Es mag dir schwerfallen, ihren Argumenten zu folgen oder ihre Entscheidungen zu verstehen, aber sie werden immer von starken Idealen und einem tiefen Gefühl der Zusammengehörigkeit geleitet. Sie wirken abgelenkt, besonders für die emotionalen Wasserzeichen, aber wahrscheinlich sind sie nur in Gedanken versunken! Ein Spaziergang in der Natur macht sie glücklich.

Magische Tipps

Verschenke wunderschöne Amulette mit den Edelsteinen, die deinem Sternzeichen zugeordnet sind, an geliebte Menschen: Bergkristall fördert emotionale Stabilität und Introspektion, Blauer Saphir hilft, Ideen zu ordnen und jedes Ziel zu erreichen. Türkis fördert die emotionale Entwicklung und die Bereitschaft zu vergeben. Aquamarin sorgt für die nötige Vernunft, um die besten Lösungen zu finden.

Wasser-zeichen

Das **Element Wasser** wird durch ein Dreieck dargestellt, das nach unten zeigt. Die Tierkreiszeichen dieses Elements sind **Krebs** (ein Kardinalzeichen, das vom Mond dominiert wird und dem vierten Haus entspricht), **Skorpion** (ein festes Zeichen, das von Pluto dominiert wird und dem achten Haus entspricht) und **Fische** (ein veränderliches Zeichen, das von Neptun dominiert wird und dem zwölften Haus entspricht). Wasserzeichen stehen für Vorstellungskraft und Gefühle. Sie sind empfänglich, einfühlsam und intuitiv, können aber auch mysteriös und undurchdringlich sein. Im Tierkreis stehen sie den Erdzeichen gegenüber und ergänzen sie.

Krebs

Das erste kardinale Wasserzeichen, Krebs, ist der Träumer des Tierkreises. Er ist mit der Vorstellung emotionaler Nahrung verbunden: Der Eintritt der Sonne in das Sternbild fällt mit der Sommersonnenwende zusammen und läutet die Zeit der reifenden Früchte ein. Sein Geburtsherrscher ist der Mond, der den 28-Tage-Zyklus der Fruchtbarkeit darstellt und den Krebs-Geborenen emotionale Tiefe, Stimmungsschwankungen und eine Tendenz zur Melancholie verleiht. Im Tarot ist ihm die Mondkarte zugeordnet, die Intuition und Erinnerung symbolisiert.

✦ Sonne ✦

PERSÖNLICHKEIT UND TEMPERAMENT

Du hast eine komplexe und geheimnisvolle Persönlichkeit, die Gabe der Intuition und eine bemerkenswerte emotionale Intelligenz. Durch dein sehr gutes Gedächtnis hängst du an der Vergangenheit. Deine extreme Sensibilität kann dich schüchtern oder aggressiv machen; hab keine Angst, dich zu öffnen.

✦ Mond ✦

GEFÜHLE UND EMOTIONALE INTELLIGENZ

Der Mond ist in deinem Zeichen zu Hause. Du verfügst über große emotionale Intelligenz und erfasst die Stimmungen der Menschen um dich herum schnell und ohne Worte. Möglicherweise neigst du zu plötzlichen Stimmungsschwankungen und Paranoia.

✦ Aszendent ✦

GESELLSCHAFTSLEBEN

Du magst keinen Trubel und stehst nicht gern im Mittelpunkt. Du verbringst deine Zeit gern zu Hause oder an Orten, an denen du dich sicher fühlst. Du pflegst lieber wenige, aber tiefe, dauerhafte Freundschaften. Versuche zwischen Bequemlichkeit und Angst zu unterscheiden.

✦ Deszendent ✦

UNTERBEWUSSTSEIN UND TIEFE VERBINDUNGEN

Du suchst eine Verbindung zu anderen durch deine emotionale Verletzlichkeit; du empfindest tiefe Gelassenheit und ein inniges Gefühl der Zugehörigkeit zur Welt, wenn du deine Gefühle ausdrückst.

✦ Merkur ✦

INTELLIGENZ UND KOMMUNIKATIVE FÄHIGKEITEN

Du verfügst über eine sensible Intelligenz und eine bemerkenswerte Vorstellungskraft. Du handelst mehr emotional statt rational. Du träumst gern und bist empfänglich für Suggestion. Achte darauf, dich nicht zu weit von der Realität zu entfernen.

✦ Venus ✦

LIEBE UND VERLANGEN

Du magst keine Affären. Du brauchst Geborgenheit und Intimität, um dich zu öffnen und deine innersten Gefühle zu zeigen. Du bist oft ein wenig launisch.

✦ Mars ✦

TATKRAFT UND LEIDENSCHAFT

Im Krebs verliert der Mars seine kriegerische Schlagkraft, und sein Einfluss ist begrenzt. Du bist launisch und verletzlich, neigst zu Süße und Romantik. Deine Aggression äußert sich nicht direkt, sondern in passiven Widerstandshandlungen.

Die Magie des Krebses

Die Kraft dieses Wasserelements begünstigt Liebes- und Freundschaftszauber. Der Vollmond im Krebs hilft dir bei Zaubersprüchen, die die Liebe zu dir selbst und zu geliebten Menschen steigern. Der abnehmende Mond gleicht emotionales Chaos aus und schützt und reinigt das Zuhause.

Liebe

HARMONISCHE PARTNERSCHAFTEN

Du bist aufmerksam, zerbrechlich und romantisch. Die drei Erdzeichen sind deine engsten Begleiter: Ihre Stabilität und Konkretheit geben dir ein Gefühl der Sicherheit; traditionelle Werte und Häuslichkeit sind euch gemein. Du hast eine intensive Affinität zu den träumerischen Fischen; ihr seid in der Lage, unzählige Nuancen eurer Gefühle zu erfassen.

✦

GUTE PARTNERSCHAFTEN

Obwohl Wasser dein Element ist, kann dich deine Beziehung zu Skorpionen und anderen Krebsen wegen deren Launen überfordern, aber als guter Zuhörer findest du eine zufriedenstellende Lösung. Die Luftzeichen Waage und Zwillinge lassen deiner Sensibilität nicht viel Raum, aber ihre spielerische Art vertreibt deine traurigsten Gedanken. Der Löwe ist zwar eitel, aber er überzeugt dich durch sein Selbstvertrauen.

✦

SCHWIERIGE PARTNERSCHAFTEN

Der Wassermann ist emotional schwer zu erreichen und gleichzeitig sehr extrovertiert, gesellig und dynamisch. Da ist Streit unvermeidlich. Widder und Schütze meidest du am besten – sie machen dich mit ihrer aggressiven und abweisenden Art nervös und haben kein Interesse am Gefühlsleben, geschweige denn am Tagträumen.

Magische Tipps

Mondstein ist einer der Geburtssteine des Krebses. In Verbindung mit dem Element Wasser, dem Mond und den Schöpferkräften der Natur kann er dir helfen, deine tiefsten Emotionen zu verstehen. Versuche an einem sicheren Ort – es kann ein Garten oder dein Zimmer sein – mit deinen Wünschen in Kontakt zu treten. Halte den Mondstein fest in deiner linken Hand, während du intensiv und mit positiver Energie an geliebte Menschen denkst. Sag zuerst laut deren Namen und dann deinen eigenen, damit deine Wünsche im ganzen Universum widerhallen.

Beruf

Das Beste

Aufgrund deiner Empfänglichkeit für die Stimmungen anderer wünschst du dir ein Arbeitsumfeld mit stressfreien Arbeitsbeziehungen. Mit ihrer gelassenen Art sind Erdzeichen deine idealen Kollegen: Der Stier bleibt in Notsituationen gelassen wie du, Jungfrau teilt deine Akribie und Steinbock teilt dein Verantwortungsbewusstsein. Überraschenderweise kannst du mit dem autoritären Löwen emotionale Hindernisse überwinden.

✦

Hat Potenzial

Widder und Schütze haben schroffe Manieren und neigen dazu, die Kontrolle an sich zu reißen. Das stellt nicht unbedingt ein Problem dar – wenn du glaubst, dass sie dazu in der Lage sind, dann gibst du gern ein wenig nach und stellst dich in den Dienst ihrer Ideen. Mit dem Zwilling verstehst du dich gut, aber sein ständiges Geschwätz lenkt dich ab. Mit dem Krebs hast du zwar ein gemeinsames Ziel, aber möglicherweise fehlt dir der Antrieb zur Problemlösung.

✦

Lieber meiden

Die Zusammenarbeit mit den Luftzeichen Waage und Wassermann ist kompliziert: Durch ihre Logik bringen sie dich dazu, ohne Pause von einem Projekt zum nächsten zu wechseln, und lenken dich so davon ab, deine Arbeit zu Ende zu bringen. Seltsamerweise sieht es mit den anderen Wasserzeichen Skorpion und Fische nicht viel besser aus: Ihre extreme Sensibilität führt zu Missverständnissen in der Kommunikation.

Magische Tipps

Tarotkarten sind gut dafür geeignet, dir deine Wünsche bewusst zu machen, und können interessante Anregungen zu deinen Fragen geben. Versuche dich auf das Ziel deiner Wünsche zu konzentrieren.

1. Ziehe die Karte, die dein Sternzeichen repräsentiert; Krebs entspricht der Mondkarte.
2. Ziehe die Karte, die der Marsposition in deinem Geburtshoroskop entspricht.
3. Ziehe eine beliebige Karte.

Betrachte die gezogenen Karten. Welche Gedanken rufen sie in dir hervor?

Familie

Krebs-Eltern

Krebs-Eltern sind freundlich und liebevoll; sie setzen auf ein empathisches Erziehungsmodell. Dank ihrer emotionalen Intelligenz wissen sie, wie sie sich um ihre Kinder kümmern müssen, besonders wenn diese noch klein sind. Sie zeigen ihre Liebe und erzählen gern alte Familienanekdoten; ihre Schubladen sind voller Fotos und Relikten aus der Vergangenheit.

Krebs-Geschwister

Krebs-Geschwister pflegen eine innige und beschützende Beziehung zu ihren Familienmitgliedern. Trotz ihrer Schüchternheit sind sie zärtlich und liebevoll und zeigen gern ihre Zuneigung; Luft- und Wasserzeichen kommen damit am besten zurecht. Sie brauchen Zeit für sich, vielleicht unter einem Zelt aus Decken, wo sie lesen und sich in ihren Tagträumen verlieren können.

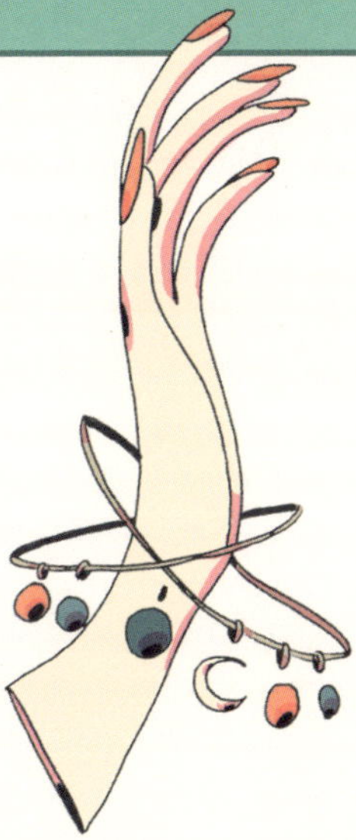

Magische Tipps

Verschenke wunderschöne Amulette mit den Edelsteinen, die deinem Sternzeichen zugeordnet sind, an geliebte Menschen: Perle hilft, Emotionen freizusetzen, Mondstein stärkt die Persönlichkeit und die Bindungen zu anderen, Bergkristall löst Spannungen und beruhigt die Seele. Rubin sorgt für Aktivität und vertreibt Faulheit, Smaragd fördert die Nächstenliebe.

Skorpion

Als festes Wasserzeichen ist der Skorpion rätselhaft und mit intensiver Emotionalität ausgestattet. Wenn sein Sternbild am Winterhimmel leuchtet, werden die Tage kürzer und die Natur begibt sich in den Winterschlaf, um zu regenerieren. Das Konzept des Skorpions ist Tod und Wiedergeburt. Sein Geburtsherrscher ist der Mars, der Willenskraft, Einfallsreichtum und ein gewisses Maß an Aggression vermittelt. Im Tarot ist ihm der Tod zugeordnet, die am meisten missverstandene Karte der Großen Arkana, ein Symbol für die zyklische Natur des Lebens, für Veränderung und Regeneration.

✦ Sonne ✦

PERSÖNLICHKEIT UND TEMPERAMENT

Du bist das geheimnisvollste Sternzeichen, schwer einzuschätzen. Du neigst dazu, dein wahres Ich nicht zu zeigen, um deine fragile Gefühlswelt zu schützen, in die du nur wenigen Menschen Einblick gewährst. Du bist sehr intuitiv und verteidigst dich mit Sarkasmus.

✦ Mond ✦

GEFÜHLE UND EMOTIONALE INTELLIGENZ

Du hast ein komplexes Gefühlsleben. Obwohl du ausgesprochen unruhig bist, verbirgst du deine Aggressionen und tiefsten Gefühle hinter einem ruhigen Auftreten. Hab keine Angst, die Kontrolle zu verlieren.

✦ Aszendent ✦

GESELLSCHAFTSLEBEN

Du hast etwas Magnetisches an dir und bleibst deshalb selten unbemerkt. Deine Härte könnte eine gewisse Angst hervorrufen. Du brauchst Zeit, um dich zu öffnen, deshalb wählst du die Menschen, mit denen du dich umgibst, sehr sorgfältig aus.

✦ Deszendent ✦

UNTERBEWUSSTSEIN UND TIEFE VERBINDUNGEN

Du glaubst an den Wert der Einfachheit. Die Begegnung mit anderen hilft dir, die Welt der Emotionen zu verstehen und die Dynamik des Unbewussten zu erfassen.

✦ Merkur ✦

INTELLIGENZ UND KOMMUNIKATIVE FÄHIGKEITEN

Du bist nachdenklich, intelligent und verfügst über eine bemerkenswerte Intuition. Du bist ein ausgezeichneter Zuhörer und erfasst die Nuancen jeder Situation, auch die weniger offensichtlichen. Du bezirzt andere mit Leichtigkeit, neigst aber zur Zweideutigkeit und zum Weglassen von Informationen.

✦ Venus ✦

LIEBE UND VERLANGEN

Dein Liebesleben ist leidenschaftlich und intensiv. Ungewöhnliche und komplizierte Situationen ziehen dich magnetisch an. Du genießt das Spiel der Verführung. Beim nächsten Schritt bist du allerdings zögerlich. Hab keine Angst, deine Gefühle zu zeigen.

✦ Mars ✦

TATKRAFT UND LEIDENSCHAFT

Du agierst durchdacht und mit viel Energie, aber was du tust, um deine Ziele zu erreichen, mag für andere unverständlich sein. Du bist sehr leidenschaftlich und hast keine Angst vor Gefahren. Durch deinen streitlustigen Charakter neigst du zur Provokation.

Die Magie des Skorpions

Die magische Kraft des Skorpions ist durch seine Verletzlichkeit und Tiefgründigkeit sehr stark. Der abnehmende Mond im Skorpion ist ideal für Selbstverteidigungs- und Schutzzauber, um negative Situationen abzuwenden.

Liebe

HARMONISCHE PARTNERSCHAFTEN

Du suchst nach Beziehungen mit hoher emotionaler Intensität, in denen du dein Innerstes offenbaren kannst. Mit einem anderen Skorpion kannst du eine leidenschaftliche, spirituell gereifte Beziehung leben. Mit den Fischen teilst du große geistige Tiefe – diese Beziehung ist ausgesprochen befriedigend.

✦

GUTE PARTNERSCHAFTEN

Dein angeborenes Misstrauen kann zu Missverständnissen führen, dennoch sind stabile Erdzeichen gute Begleiter: Der Stier kann deine negativen Überzeugungen durchbrechen, die Jungfrau bringt das Praktische in den Alltag, und der Steinbock ist stoisch und entschlossen. Löwe und Schütze haben zwar eine provokante Art, die dich zornig macht, aber ihr Einfallsreichtum macht es wieder wett. Deine Sturheit kommt beim Krebs nicht gut an, aber deine emotionale Intelligenz kann jede Situation entschärfen.

✦

SCHWIERIGE PARTNERSCHAFTEN

Fange besser keine Beziehung mit Luftzeichen an. Intellekt ist ihnen wichtiger als emotionale Intensität und sentimentale Begeisterung; deine Eifersucht können sie nicht ertragen, denn sie pflegen ein intensives Gesellschaftsleben, was deinem Streben nach einer allumfassenden, exklusiven Beziehung entgegensteht. Du teilst die Tendenz des Widders zu explosiver Wut – deshalb kann es zu heftigen Auseinandersetzungen kommen.

Magische Tipps

Bereite bei Vollmond im Skorpion einen Weintrank zu, um dein Verlangen nach Liebe zu wecken oder zu steigern. Du brauchst dazu:

- 1 Flasche Rotwein
- 1 Teelöffel frischen, geriebenen Ingwer
- 2 Gewürznelken
- Zimtstücke
- Orangenschale

Den Wein in ein großes Glas gießen – Kristall, wenn möglich –, Ingwer, Nelken und Zimt hinzufügen und drei Stunden ziehen lassen. Gieße dann den Wein durch ein Sieb in einen Krug. Einen Teil des Weins zurück ins Glas gießen und mit der Orangenschale garnieren. Konzentriere dich auf einen geliebten Menschen, während du deinen Liebestrank genießt.

Beruf

Das Beste

Du bist ein ausgezeichneter Problemlöser, ebenso entschlossen wie konzentriert. Hast du ein Ziel vor Augen, kann dich nichts aufhalten. Wenn du deine Stärken und Fähigkeiten mit einem anderen Skorpion kombinierst, kannst du jedes Projekt, selbst das ehrgeizigste, mit Brillanz meistern. Jungfrauen sind ausgezeichnete Mitarbeiter – ihre Liebe zum Detail und ihre Akribie helfen dir dabei, mehr als zufriedenstellende Ergebnisse zu erzielen. Für den Steinbock bedeutet Arbeit, Leistung zu zeigen. Euer fundamentaler Wunsch nach Erfolg stärkt und verbessert eure Zusammenarbeit.

✦

Hat Potenzial

Dein Sternzeichen eignet sich am wenigsten für Teamarbeit – teilen ist nicht deine Stärke. Trotz seines Idealismus kann dir der Schütze beibringen, bei Bedarf flexibel zu sein. Fische wechseln gern von einem Projekt zum nächsten, während du an Beharrlichkeit glaubst; trotz der Differenzen können sie dich Kompromissbereitschaft lehren.

✦

Lieber meiden

Nur wenige kommen mit deiner abweisenden Art und deinem beißenden Sarkasmus klar. Luftzeichen haben einen Arbeitsstil, der deinem diametral entgegenläuft. Sie sind nicht sehr methodisch und lassen sich oft ablenken, was eine Einigung dann unmöglich macht. Widder und Löwe neigen dazu, jeden Erfolg auf ihre eingebildete Art für sich zu verbuchen und so deinen Zorn zu entfesseln. Krebs und Stier haben Schwierigkeiten, Anweisungen zu akzeptieren.

Magische Tipps

Tarotkarten sind gut dafür geeignet, dir deine Wünsche bewusst zu machen, und können interessante Anregungen zu deinen Fragen geben. Versuche dich auf das Ziel deiner Wünsche zu konzentrieren.

1. Ziehe die Karte, die dein Sternzeichen repräsentiert; Skorpion entspricht dem Tod.
2. Ziehe die Karte, die der Marsposition in deinem Geburtshoroskop entspricht.
3. Ziehe eine beliebige Karte.

Betrachte die gezogenen Karten. Welche Gedanken rufen sie in dir hervor?

Familie

Skorpion-Eltern

Skorpion-Eltern sind sehr beschützend und sensibel, ihre Reserviertheit macht es ihnen zuweilen schwer, ihre Gefühle zu zeigen. Energisch und zielstrebig, manchmal etwas streng, erwarten sie von ihren Kindern, dass sie die festgelegten Regeln befolgen; dennoch übertragen sie ihren Kindern ein hohes Maß an Verantwortung und sind aufmerksame Zuhörer, die jeden Stimmungsumschwung in der Familie wahrnehmen.

Skorpion-Geschwister

Skorpion-Geschwister erscheinen unergründlich, doch hinter ihrer Zurückhaltung verbirgt sich eine große Beobachtungsgabe: Sie prüfen jede Situation genau, um ihren Geschwistern mit Rat und Tat zur Seite zu stehen. Sie lieben den Wettbewerb und genießen es, ihre Geschwister in spannenden und teils gefährlichen Spielen herauszufordern. Sie sind etwas besitzergreifend – es ist besser, ihnen nichts wegzunehmen, denn sie rächen sich.

Magische Tipps

Verschenke wunderschöne Amulette mit den Edelsteinen, die deinem Sternzeichen zugeordnet sind, an geliebte Menschen: Obsidian schützt vor negativen Schwingungen, begünstigt Veränderungen und stimuliert die Intuition. Rubin schärft den Verstand und verleiht Mut, Konzentration und Fröhlichkeit. Jaspis sorgt für Initiative und ehrliche Gedanken, und Feueropal hilft, jeden Neuanfang mit Leidenschaft zu begehen.

Fische

Das letzte veränderliche Wasserzeichen des Tierkreises, Fische, ist wandelbar und widersprüchlich: Die beiden in der astrologischen Glyphe enthaltenen Fische repräsentieren die Dualität der Fische-Geborenen. Das Sternbild ist zwischen Winter und Frühling am Himmel zu sehen. Ihr Geburtsherrscher Neptun weckt Interesse an der Welt des Unbewussten und der Spiritualität. Im Tarot ist ihnen die Karte des Gehängten zugeordnet, die Altruismus und Opferbereitschaft für das Gemeinwohl, aber auch passives Eintauchen in einen kontemplativen Zustand symbolisiert.

✦ Sonne ✦

PERSÖNLICHKEIT UND TEMPERAMENT

Du bist ehrlich und idealistisch und neigst nicht zu harschen Urteilen. Trotz deines ausgeprägten Hangs zur Idealisierung nimmst du die Realität und die Menschen mit Freundlichkeit an. Deine Widersprüchlichkeit sollte dich nicht schrecken.

✦ Mond ✦

GEFÜHLE UND EMOTIONALE INTELLIGENZ

Der Mond in deinem Zeichen ist stark und schenkt dir tiefe Gefühle und eine bewundernswerte Intuition. Durch deine Sensibilität bist du empathisch und kümmerst dich um andere. Du kannst leicht Illusionen erliegen.

✦ Aszendent ✦

GESELLSCHAFTSLEBEN

Du bist ehrlich und aufrichtig. Du würdest dich niemals verstellen, um dich als Teil einer Gruppe zu fühlen oder deinen Mitmenschen zu gefallen. Du stellst deine Ungezwungenheit nicht gern zur Schau und pflegst deine Beziehungen lieber zurückhaltend.

✦ Deszendent ✦

UNTERBEWUSSTSEIN UND TIEFE VERBINDUNGEN

Dein Deszendent in der Jungfrau lehrt dich, bei der Begegnung mit anderen nach tiefem emotionalem Verständnis zu streben und dich selbst mitfühlend und ehrlich zu zeigen.

✦ Merkur ✦

INTELLIGENZ UND KOMMUNIKATIVE FÄHIGKEITEN

Du verfügst über eine große emotionale Intelligenz, bist aufmerksam und achtest auf Details. Dein Einfühlungsvermögen hilft dir, die Nuancen in den Emotionen anderer Menschen genau zu erfassen. Allerdings hast du Schwierigkeiten, deine eigenen Bedürfnisse zu kommunizieren.

✦ Venus ✦

LIEBE UND VERLANGEN

Du erlebst deine Gefühle mit Süße und ein wenig Naivität. Venus in den Fischen bringt deine Eigenschaften voll zum Ausdruck und schenkt dir eine erhabene Vorstellung von Liebe, über die Paarbeziehung hinaus in einem universellen Sinn. Du suchst nach unkonventionellen Beziehungen, die dich vervollständigen.

✦ Mars ✦

TATKRAFT UND LEIDENSCHAFT

Du wirkst schüchtern, introvertiert und vielleicht unsicher, aber du verbirgst eine kluge und mutige Seele, wenn es darum geht, sich riskanten Situationen zu stellen. Du neigst dazu, deine Aggression in kunstlerisches Schaffen umzuwandeln.

Die Magie der Fische

Der Fische-Mond ist die perfekte Zeit für Zaubersprüche, die das Bewusstsein erweitern, und der abnehmende Fische-Mond ist vorteilhaft für solche, die darauf abzielen, negative Energie zu beseitigen.

Liebe

HARMONISCHE PARTNERSCHAFTEN

Wegen deiner Emotionalität suchst du einen Partner, der es versteht, eine träumerische und intensive Beziehung mit dir zu führen. Verliebtheit bedeutet für dich, in einem idealisierten Geisteszustand zu leben. Du spürst eine sehr starke Verbindung zu Wasserzeichen: Sensibel und leidenschaftlich wie du, möchten sie sich in gemeinsamen Tagträumen verlieren.

✦

GUTE PARTNERSCHAFTEN

Trotz ihrer Tendenz zum Konkreten mögen Erdzeichen dein verführerisches, leidenschaftliches und fantasievolles Spiel und können dir beibringen, emotional stabiler zu sein. Die Gefühllosigkeit des Schützen ärgert dich, aber er ist eines der wenigen Sternzeichen, die dich nicht dominieren wollen. Die Wankelmütigkeit des Wassermanns verwirrt dich, aber er teilt deine Werte und einen tiefen Sinn für Gerechtigkeit.

✦

SCHWIERIGE PARTNERSCHAFTEN

Die Feuerzeichen Widder und Löwe sind zu aggressiv für dich und interessieren sich nicht für deine emotionalen Ansprüche. Die Luftzeichen Waage und Zwillinge sind zu instabil und extrovertiert. Ihre pragmatische Denkweise ohne emotionale Tiefe erscheint dir oberflächlich und nicht sehr befriedigend; du wirst am Ende selbst in trivialen Angelegenheiten nicht mehr wissen, welche Entscheidungen du treffen sollst.

Magische Tipps

Es gibt nichts Heiligeres und Kraftvolleres als ein spirituelles Bad, um deine tiefsten Liebeswünsche zu erfüllen. Du brauchst dazu:

- 4 pinkfarbene Kerzen
- 1 Glas Milch
- Rosenblätter

Bereite dein Bad vor, indem du an jede Ecke eine Kerze stellst. Füll die Wanne mit warmem Wasser und gib dann das Glas Milch und Rosenblätter hinein. Zünde die Kerzen an. Schalte das Licht aus, tauch in die Wanne ein und konzentriere deine Gedanken auf die Person, die du liebst. Wenn du aus dem Wasser steigst, sammle die Rosenblätter ein und leg sie in eine Schüssel. Stell die Schüssel die Nacht über neben dein Bett, vorzugsweise ins Mondlicht.

Beruf

Das Beste

Du arbeitest nicht gern unter Druck und tolerierst keine Routinen und Regeln. Dank seiner Arbeitsmoral ist der zurückhaltende Steinbock das einzige Sternzeichen, das dich von einer Idee und der Machbarkeit eines Projekts überzeugen kann. Andere Fische teilen deine Werte und sind emotional auf deiner Linie. Eure Kommunikation ist klar und linear und jedes Joint Venture wird hervorragende Ergebnisse erzielen.

✦

Hat Potenzial

Du gehörst zu den ruhigeren Sternzeichen. Mit ihrer abrupten Art und Eile passen Feuerzeichen nicht zu deiner ruhigen Arbeitsweise, können aber mit ihrer Ironie jeden Arbeitsstress lindern. Luftzeichen teilen deine Tendenz zur Ablenkung; zusammen seid ihr vielleicht nicht sehr produktiv. Der Stier möchte seinen Standpunkt durchsetzen und die Entschlossenheit des Skorpions kann dich abschrecken.

✦

Lieber meiden

Mit ihrer pedantischen Art zwingt dich die Jungfrau zur Pünktlichkeit und Einhaltung der Regeln und kann nicht verstehen, dass gute Ideen auch aus scheinbar unorganisierten Gedankenströmen hervorgehen können. Mit dem Krebs entstehen Probleme hauptsächlich durch die Kommunikation – ihr habt oft Schwierigkeiten, eure Ideen produktiv zu teilen, und manchmal kommt außer ziellosem Geschwafel nicht viel heraus.

Magische Tipps

Tarotkarten sind gut dafür geeignet, dir deine Wünsche bewusst zu machen, und können interessante Anregungen zu deinen Fragen geben. Versuche dich auf das Ziel deiner Wünsche zu konzentrieren.

1. Ziehe die Karte, die dein Sternzeichen repräsentiert; Fische entspricht der Karte des Gehängten.
2. Ziehe die Karte, die der Marsposition in deinem Geburtshoroskop entspricht.
3. Ziehe eine beliebige Karte.

Betrachte die gezogenen Karten. Welche Gedanken rufen sie in dir hervor?

Familie

Fische-Eltern

Fische-Eltern haben einen Sensor für die emotionalen Bedürfnisse ihrer Familienmitglieder. Der Aufbau emotionaler Bindungen steht für sie an erster Stelle; sie setzen auf Verständnis und emotionalen Austausch in einer Umgebung voller Stimuli. Manchmal erscheinen sie abwesend; sie träumen gern und müssen gelegentlich in ihren Gedanken Zuflucht suchen.

Fische-Geschwister

Fische sind liebevoll und einfühlsam und würden alles tun, um zu verhindern, dass ihre Geschwister leiden, und übernehmen sogar Fremdverantwortung. Ihre leidenschaftliche Fantasie führt dazu, dass sie immer wieder neue Spiele erfinden und über die Zukunft fantasieren. Ihre idealen Spielkameraden sind Wasser- und Luftzeichengeschwister, die ihre Vorliebe für das Fantastische teilen.

Magische Tipps

Verschenke wunderschöne Amulette mit den Edelsteinen, die deinem Sternzeichen zugeordnet sind, an geliebte Menschen: Amethyst sorgt für die richtige Perspektive, verhindert, dass man sich im Sturm der Gefühle verliert, vertreibt Schuldgefühle und fördert Kreativität. Amazonit hilft, Traumen zu überwinden, und vermittelt Sicherheit. Aquamarin steht für spirituelle Weisheit und fördert Intuition, Konzentration und Aufmerksamkeit und schützt vor negativen Schwingungen.

Notizen

Notizen

Notizen

Notizen

Ambrosia Hawthorn

Ambrosia Hawthorn ist Hexe und Gründerin des *Witchology Magazine* sowie Autorin von *Die Magie in dir: Witchcraft – Sprüche und Rituale, die dein Leben verändern* und weiteren Büchern. Sie ist Tarot-Leserin, Astrologin und Kräuterkundlerin und legt den Schwerpunkt ihres Handwerks auf die Verbindung zwischen natürlicher Welt und innerer Kraft. Außerdem gibt sie Hexenkurse im Venefica Cottage.

Silvia Vanni

Die italienische Illustratorin Silvia Vanni wurde 1989 in Castelnuovo di Garfagnana geboren. Schon in jungen Jahren begeisterte sie sich für Design; Comics und digitales Kolorieren waren ihre Studienschwerpunkte an der International School of Comics in Florenz. Sie veröffentlichte mehrere Graphic Novels und arbeitet als freiberufliche Illustratorin. Zu ihren Leidenschaften zählen Tee, Japan und Schnee.